江苏省教育科学“十二五”规划课题

“百年扬州中学十位语文名家教育思想地图”研究成果

溯本清源思流泽

——百年扬州中学十位语文名家教育思想研究

陈国林　主编

东南大学出版社

·南京·

图书在版编目(CIP)数据

溯本清源思流泽:百年扬州中学十位语文名家教育思想研究/陈国林主编. —南京:东南大学出版社,2015.11

ISBN 978-7-5641-6215-3

Ⅰ.①溯…　Ⅱ.①陈…　Ⅲ.①中学语文课—教学研究　Ⅳ.①G633.302

中国版本图书馆 CIP 数据核字(2015)第 301359 号

溯本清源思流泽——百年扬州中学十位语文名家教育思想研究

出版发行	东南大学出版社
社　　址	南京市四牌楼 2 号
邮　　编	210096
出 版 人	江建中
网　　址	http://www.seupress.com
电子邮箱	press@seupress.com
经　　销	全国各地新华书店
印　　刷	南京玉河印刷厂
开　　本	700 mm×1000 mm　1/16
印　　张	11.25
字　　数	202 千
版　　次	2015 年 11 月第 1 版
印　　次	2015 年 11 月第 1 次印刷
书　　号	ISBN 978-7-5641-6215-3
定　　价	36.00 元

本社图书若有印装质量问题,请直接与营销部联系。电话(传真):025-83791830。

目　录

从自发到自觉：扬州中学“科学与人文相融合”的语文教育思想研究

陈国林

百年来，扬州中学积淀的优良传统和先进的办学理念，滋养着扬州中学语文教育。

江苏省扬州中学百余年的历史肇始于仪董学堂。光绪二十八年(1902年，农历壬寅)两淮盐运使程仪洛、御史王鹏运、史学家屠寄等忧患意识强烈的有识之士，在扬州创办了第一所官立中学——仪董学堂，引入科学课程，从而揭开了扬州近现代教育的序幕。不久，运使易人，仪董学堂改称两淮中学堂。扬州府中学堂、淮扬合一中学、江苏省立第八中学和尊古学堂、两淮师范学堂、江苏省立第五师范学校，均为扬州中学前身。1927年“五师”“八中”合并组建江苏省立扬州中学，周厚枢先生任校长。他承先人余烈，推进革新，倡导“科学陶冶，人格感化”，兴建树人堂，倡导科学教育，从德国引进最先进的实验设备，开始了扬州中学最辉煌的时期，时有“南扬中，北南开”的说法。抗战八年，辗转办学，弦歌不辍，薪火相传，有扬州中学沪校(上海)、泰校(泰州)、苏北公立扬州中学等，特别是在大后方重庆的合川创办的国立第二中学，培养了大批杰出人才。1945年迁回原址，1953年定名为江苏省扬州中学。新时期的扬州中学，秉持“科学与人文相融合”的理念育人，继往开来，生机蓬勃。

一所名校之所以名扬天下，与名家是分不开的。初任监督屠寄，继任王鹏运、李慎儒、宋子联等皆为国学一代名家。其后扬州中学历任校长特别重视礼聘名师。江苏省立扬州中学校长周厚枢(扬州中学1916届校友)就强调：“良以青年良好品行之养成，非全体教师俱为青年之楷模不可。故本校聘请教师，以人格高尚为要义，以专任久任为原则。……学生与此种优良教师接触，遂默化潜移变更气质，其遵守纪律，出于良心之主张，其服从师长，生于内心之信仰。于是重品格、喜研究、尚服务之学风，亦于无形中养成。”高标准、高起点的择师原则，使扬州中学语文名师辈出。朱自清（扬州中学1916届校友，1921年任教于扬州中学的前身江苏省立第八中学，并任教务长）、于在春、张煦侯、鲍勤士、范耕研、任中敏、李涵秋、徐公美、相菊潭、徐慕杜、何仲英、洪北平、叶贻谷、卢文虎、孙运遐、乔际云、安汝常、李绍庭（李少亭）、吴涤楼、乔耀汉、戴祝尧、钱新、洪为法、何惟科、田如衡、郑万钟、刘立仁、蒋念祖、黄正瑶、唐丽珍、张贞忠、方钧鹤等都曾先后任职于扬州中学，他们始终从实践出发探索语文教学的内在规律，形成各自独特的风格和语文教育思想。这些思想，不仅引领了当时的语文教学，而且深刻地影响着其后扬州中学乃至中国的语文教学。

扬州中学创办之时正是“西学东渐”之际，西方文化（包括教育思想）逐渐与中国传统文化（包括教育思想）调和、汇合和相互融通。创办伊始起名为“仪董学堂”，表明既有传统儒学的背景，又受西方影响。“仪董”二字表明“树人目标”仍然是以汉代大儒董仲舒为仪范，而从《仪董学堂章程》、课程表以及藏书目录可以清晰地看到，国学、历史等人文学科与数学、物理、舆地等学科课程处于同等地位，这正体现了当时“中学为体，西学为用”的思潮。传统文化与西方文化在这里碰撞，产生近代教育的新景象。

由于扬州中学历史上李更生、周厚枢等历任校长的远见卓识，学校得风气之先，将中西方文化、教育思想中的精华融入学校的办学思想、课程设置、教育教学和学校管理之中，给“树人为本”的传统教育文化不断注入新的内涵。

历代校训和校歌，历任的校领导，要求莘莘学子“德才兼备”“文理兼长”“人格健全”“学术健全”“体育须兼重”。勖勉学生“自治以治事”“自养以养人”“自卫以卫国”。学校在课程设置方面一以贯之的原则是，既重视个性发展，又重视社会需要；既重视科学精神之培养，又重视人文品格之熏陶。学校历来主张“教训合一”，主张“科学陶冶”与“人格感化”并重。各科教学既注重人格、兴趣培养，又注重学习方法指导、学习能力培养。在学校管理上同样充满了“求实、创新”精神，初步显现出“科学与人文相互融合”的特色。

1949年以后，政治运动不断，学校的生源、师资、课程、制度都发生了很大变化，但注重社会实践等观念与做法至今依然有其特有的价值。1978年以后，学校逐步建立新时期的制度与课程。20世纪90年代开展的“系统开展学科思维教学”与“全方位实施美育教学”两个教育部“九五”重点规划课题的研究，既是对学校办学传统的系统梳理与总结，更是对新时期学校办学方向的探寻。两个课题的研究与实施，进一步使学校办学特色得以彰显。百年校庆之际，学校明确提出了“科学与人文相融合”的办学特色，从而使这个传承了百年的办学传统实现了由自发到自觉的飞跃。“科学与人文相融合”的教育实践，为学校的发展奠定了坚实的基础，为新课程改革的实施开创了一条新的道路。在2011年江苏省首届基础教育成果奖评比中，由卫刚校长主持申报的“科学与人文相融合的办学传统与实践研究”获一等奖。

总之，学校的历史和传统是研究扬州中学语文名家辈出的背景，在这幅深厚的背景下，我们可以更清晰地认识到名家独特的语文教育思想形成的历史必然性，认识到他们独特的语文教育思想对推动学校不断发展的重要作用。

一、学堂初开，中西并重：承千年国学教育之脉，强调语文对国民素养培育的工具作用

扬州中学创办之时（光绪二十八年，1902年）尚属清末，千年国学教育积淀下来的优良传统深深影响了学校的创办者两淮盐运使程仪洛、御史王鹏运、史学家屠寄等，而他们三人或为国学大家，或为史学大家，或为词学大家，他们在办学之初自然而然地将这部分优良传统吸收到新式学堂的国学教育中。但他们都非泥古不化之辈，而是在吸收西方教育思想的同时，坚持突出语文教育的特殊性。这在《仪董学堂章程》中可以明晰地看到：“本国语言文字为国民特具之性质，东西各国普遍教法无不斤斤保守……一切科学图书概用汉文讲授。别设英法文一科，每日只居汉文课程十分之二，庶存重

内轻外之意，不乱国民之特质，此固东西各国编制普通课程之定法也。”[1]从这段文字中可以看出，创办者充分认识到本国语言文字对国民素养培育的重要性以及语文教育的特殊方法，同时，也充分认识到语文对于学习其他“科学图书”的工具作用，并且这种工具性，已经完全不同于延续千年的语文学习为科举、功名服务的功利性。

王鹏运

屠寄

学校创办之年，清政府于 1902 年颁布张百熙拟定的《钦定学堂章程》（即“壬寅学制”），但并未正式施行。清政府于 1904 年颁布张百熙、荣庆、张之洞拟定的《奏定学堂章程》（即“癸卯学制”），这是当时中小学开设语文课唯一的依据文件。但由于其对中国文字课和文学课教学内容和宗旨的规定过于简略，因而缺少具体的操作性。而仪董学堂则明确了国文课本采用姚氏《古文辞类纂》暨章氏《文史通义》，每周 6 小时，全年 240 小时；“每半年为一学期，期终举行考试，合计平日积分及期考成绩，依次榜示”[2]这种从内容到授课时间再到考核都做出明确界定的做法，已较清政府颁布的章程进步了许多，对其后我国的语文教育也有很好的借鉴作用。

从《仪董学堂藏书总目》看，在一万二千余册藏书中，除数学、声学、化学、测绘等自然科学书籍外，国文书籍中，经、史依然占绝大多数，足见当时学校国文依然以经史传统教学内容为主，没有能迈出革命性的一步。

二、五师八中，熠熠生辉：人格健全，学术健全，自治自动

辛亥革命后，孙中山任命蔡元培为教育总长，把学堂改为学校，并于1912年颁布《中学校令》，统一了学制，调整了课程设置，中小学去掉了读经讲经，将中国文字和中国文学合称“国文”，并规定“国文要旨在通解普通语言文字，能自由发表思想；并使略解高深文字，涵养文学之兴趣，兼以启发智德”。[3]这个规定对国文的教学目标、教学内容作了明确界定。

在1919年五四新文化运动的推动下，当时以推行白话文、改革封建教育为主旨的教科书改革，具有十分鲜明的人文立场、民主精神和现代性。1919年提出的新的“教育本义”，以“养成健全人格，发展共和精神”为宗旨。1922年制定的新学制课程标准纲要，认为语文教学的目的是“练习运用通常的语言文字；并涵养感情德性；启发想象思想；引起读书兴趣；建立进修国文的良好基础；培养能达己意的表达能力”。编写语文教材的原则是：“从儿童生活上着想，根据儿童之生活需要编订教材，形式上注意儿童化，内容则适合儿童经验。”[4]

建于1914年的南楼

江苏省立第八中学和江苏省立第五师范（都是扬州中学的前身）的语文教育迅速顺应了时代的要求，放弃以经为主的传统语文教学，大量引进白话文。当时，由淮扬合一中学改建而成的江苏省立第八中学，校长是谢遐龄，

继任者李荃(字更生)先生,更是一位极为开明的教育家,曾手书"竖起脊梁担事"横匾,悬于室内。他锐意改革,礼聘名师,鼓励教师变革,国文教师朱锡琛(字献之)、戴廷栋(字子秋)、桂邦杰(字蔚承)等使用自编教材,讲授近代文,自编讲义;范冠东(字耕研)、张震南(字煦侯)等教授近代史兼国文。第五师范由江苏省民政长公署教育司长黄炎培就晚清两淮师范学堂遗址,原梅花书院房屋改建而成,1913 年任诚(字孟闲)任校长,他深受日本明治维新时代教育的影响,接触了资本主义民主教育思潮,礼聘的国文教师有鲍勤士、叶贻谷、李涵秋、任中敏、洪为法、吴涤楼、何为科等,他们虽然都是国学功底深厚之名师,但依然能及时顺应时代对语文教育的要求。

更可贵的是,两校在政府要求的基础上,结合了学校的特点,鲜明地提出了高于政府要求,又有别于其他学校的教学内容和育人目标,从而走在了时代和同类学校的前列。

1921 年春朱自清(二排右一)在江苏省立第八中学任教与同事合影

朱自清在两淮师范学堂和江苏省立第八中学求学六年，深受母校语文教育思想的影响，1916 年考取北京大学，1921 年春回到母校任教。他在为八中作的校歌中写道：“人格健全，学术健全，相期自治与自动，欲求身手试豪雄，体育须兼重。”[5]这段文字虽短，但意蕴却十分深厚，如今它已经成为扬州中学的育人目标。“人格健全”不仅是指其性格，更指其思想、品格、情操、情趣，它既包含了政府课程纲要中“涵养感情德性”的内容，又大于这一要求的内涵。对于语文教学而言，则强调语文对学生品格等的培养，对审美情趣等的熏陶，极大地丰富了人文性的内容。“自治与自动”则是对教学方法和学习方法的要求，是对学生主体地位的清晰确认。关于这一点，叶圣陶先生在《朱佩弦先生》一文中说：

他教导学生取一种平凡不过也切实不过的见解：欣赏跟领受这个在了解跟分析，不了解，不分析，无所谓欣赏跟领受。了解跟分析的基础还在语言文字方面，因为我们跟作者接触凭藉语言文字，而且单只凭藉语言文字。一个字的含糊，一句话的不求甚解，全是了解跟分析的障碍。打通了语言文字，这才可以触及作者的心，知道他的心意中为什么起这么样的波澜，写成这么样的一篇文字或一本书。这时候，说欣赏也好，说领受也好，总之把作者的东西消化了，化为自身的血肉，生活上的补益品。[6]

1925 年，朱自清先生提出了四步教段：学生报告预习的结果—学生分析段意、篇意—师生研究课文情思与文笔—口试或笔试。在这个四步教段中，前两段由学生完成，第三段由师生合作探究，而不是教师直接给出答案。这样的四步教段，显然是朱自清先生“自治自动”教育思想的具体体现。

而在《江苏省立第五师范校友会杂志》第二期上刊发的薛钟泰所著的《学生自治问题底我见》[7]中，则对“学生自治的意义”“五四后学生自治的历程”“我所希望的学生自治”等做了详细的阐述。两校对“自治与自动”有共同的追求，强调学生自为自成，充分发挥学生的主体性和主动性。这样先进的理念与当下新课程改革所倡导的观念是完全一致的，但其已经超前了几十年。

三、十年办学，蜚声海内：科学陶冶与人格感化乃“车之两轮，鸟之两翼”

1927 年 6 月，江苏省立第五师范与江苏省立第八中学合并为江苏省立扬州中学，周厚枢先生任校长。周厚枢，字星北，1916 年毕业于江苏省立第八中学（与朱自清为同班同学），国立南京高等师范数理化科毕业后留美，在麻省理工学院化工科学习，获制糖硕士学位。后回国任国立广东大学（即国立中山大学前身）、中州大学（即河南大学前身）、国立东南大学（即国立中央大学前身）教授，1927 年 6 月回母校任校长。周校长接受了省立八中传统教育，又积极吸收西方教育思想，他具有国际视野、历史眼光、前沿意识和务实态度，推行了一系列新政，学校名师荟萃，设备一流，教育教学卓越，扬州中学迎来了历史上最辉煌的十年。

《江苏省立扬州中学十周纪念刊》(1937年，以1927年两校合并为江苏省立扬州中学为起点计算)的发刊词集中体现周厚枢先生执掌扬中十年的教育思想。他认为，学校建设首重精神。至于精神训练则注重下列数端。

科学陶冶。其核心是强调科学精神和科学方法，注重学生自行实验、实物观察及问题研讨，在学术上养成其客观研究之习惯及品格上养成不浮夸、不躁进、虚心实做之精神，并在本校内树立脚踏实地、实事求是之朴质学风，以期改良社会之风气。

军事训练。养成学生时时紧张，事事不苟，严正肃穆之生活，及沉着应变之态度。“故本校学生类能秉公好义，弘毅有为，不因偶然之激刺而张脉偾兴，不因环境之恶劣而自甘暴弃”。

实验研究。其核心不断推进教育教学改革，以“应随时代之需求而谋其进步”。具体改革措施包括能力分组教学问题、男女分组合组学习问题、学生课外活动问题、教训合一问题、教训童合一问题、教训军合一问题、科学教学方法之改进问题、成绩展览及抽调成绩问题、第二外国语教学问题、女子家庭生产与职业等实际问题等之研究，以及各教师对于各科教学教法之研究，无不殚精竭虑，孜孜以求，一旦研究得有结果，凡在本校可以试行者，必予以实施，其试行有成效者，必公诸社会，俾得推行全省，甚至普及全国。

人格感化。学校于民国十八年首创教训合一导师制，认为“良以青年良好品行之养成，非全体教师俱为青年之楷模不可”。教师与学生朝夕相处如家人父子然，“学生长与此种优良教师接触，遂默化潜移变更气质，其遵守纪律，出于良心之主张，其服从师长，生于内心之信仰。于是重品格、喜研究、尚服务之学风，亦于无形中养成”。

体育锻炼。学生除每日早操跑步及晚操外，尚有国术练习及各项运动。

不但使学生重视体育，且使其自动养成运动之习惯，而以体弱为可耻。

虽然周校长没有鲜明地提出“科学与人文相融合”的说法，但仅此精神训练的五项原则和做法，已经自发地渗透了科学方法、科学精神与人文方法、人文精神。而两者“如车之两轮，鸟之两翼，相需为用，相辅而成”的观点，则充分体现了彼此融合的理念。这样的理念，不仅在当时是绝对超前的，即使在当今也依然是先进的。

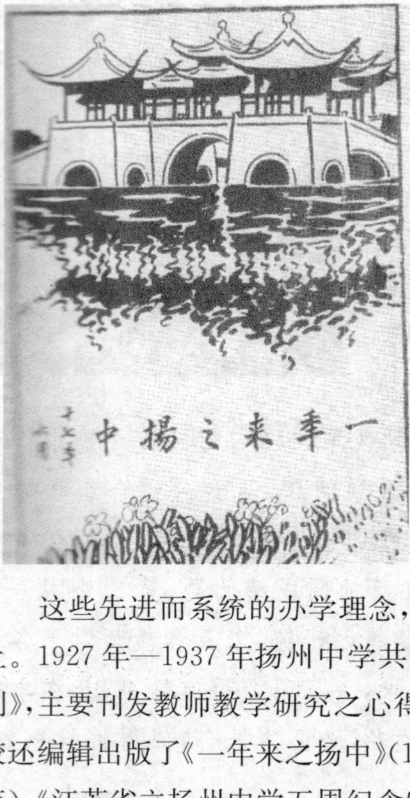

这些先进而系统的办学理念，集中体现在扬州中学创办的一系列刊物上。1927 年—1937 年扬州中学共编辑出版并公开发行了 103 期《扬中校刊》，主要刊发教师教学研究之心得、学科教学总结以及学生的习作等。学校还编辑出版了《一年来之扬中》(1928 年)、《扬中校刊三周纪念专号》(1930 年)、《江苏省立扬州中学五周纪念特刊》(1932 年)和《江苏省立扬州中学十周纪念刊》(1937 年)。其中专论语文教学的有萧征万所著《三年来之国文教学》,《五年来国文教学经过》(未署名)，陈啸青、汪二丘、陆庄所著《十年来国文教学概况》。此外，1932 年创刊的《江苏教育》刊登了扬州中学许多语文教师的教学研究文章，还有大量收录于《扬中往事》(2002)、《扬中记忆》(2012)中的校友回忆性文章，这些丰富的资料，充分展示了这一时期扬州中学独特的语文教学理念和卓越的教学成果，当然也为我们研究这段辉煌历史时期的语文教学提供了第一手的宝贵资料。

（一）名师荟萃，学术精湛，风格多样

我们先来看看十年间在扬州中学任教的部分国文教师主要论著举例，管中窥豹，可以看出什么叫“名师荟萃，学术精湛”。

江苏省立扬州中学国文教师主要论著举例(1937)

著者	著　作
鲍勤士	《小知不足斋文存》
徐伯和	《国学入门》
王侃如	《文始疏证》《读子随笔》《姜白石词笺》《陶斋杂著》
汪二丘	《经学概况》《四书杂识》《史记杂议》《汉书杂议》《补〈三国志〉表》《补郝经〈续后汉书〉年表》《文学浅说》《万古愁曲注》《弈话》
范耕研	《中学国文述教》《吕氏春秋补注》《墨辩疏证》《文字略》《江都焦理堂先生年表》
薛无竟	《国学纲要》《中国史纲要》《高中本国史答题》
张煦侯	《高中国文述教》《师范国文述教》《国史通略》《通志总序笺》《王家营志》《淮阴风土记》
朱奇石	《标点符号表解》《唐末古文名家评传》
羊达之	《文学史纲要》
陈啸青	《文心雕龙通诠上编》《初中国文背诵选》《中国历代文体之变迁》

仅举张煦侯一例。张震南，字煦侯，以字行，又名张须。其为人敦厚纯朴，博览群书，满腹经纶，兀兀穷年，耕耘不辍，博通文史，德高行芳，一生著述甚富，尤以《通鉴学》最为有名，是近人第一部系统研究《资治通鉴》之专著，此外著有《淮阴风土记》《王家营志》《成语四论》《修辞基本功举要》《四史读记》《先秦两汉文论》《清政十论》及诗词数百首，被师生尊称为现代“经学大师”。在江苏省立扬州中学执教 11 年，教授国文、历史。其编写的《中等学校适用应用文》教材，曾被选为全国中学通用教材，所至声誉鹊起。

在语文教学上，张先生颇具独特风格，《高中国文述教》《师范国文述教》较全面阐释了他的国文教学思想；著有论文《高中国文教学刍言》(《扬中校刊》第 59 期，1931 年)、《怎么教高中国文》(《江苏教育》第三卷第一二合期，1934 年)、《高中三年级国文教材补充问题》(《江苏教育》第四卷第十合期，

1935年)、《非常时期之国文教学》(《江苏教育》第五卷第一二合期,1936年)等。

至于其教学效果,现从2002年出版的《扬中往事》中录几则学生关于张煦侯的回忆文字,以见一斑。

20世纪30年代的学校大门

高三国文老师是淮安人张煦侯,样子长得很难看,一口淮城话,但内才很好,听了他的课,语言文字表达能力提高很快。所选教材有《西厢记·长亭送别》等,还讲一些早期留学生的新诗,如"绮色佳城,欢度蜜月去"。讲到王维的"山中与裴迪秀才书",后来我考清华时,模仿其风格写了一篇游记,得到朱自清老师的赏识,结果得了比较高分数,考取第十三名。

(1933届校友,植物学家,2007年国家最高科技奖获得者吴征镒院士)

现在回想高中阶段,感到对我一生影响最大的,当数张煦侯先生。他是国文老师。在我与他之间,是有思想交流的。

首先,他教会我能写较长的作文。开始时他教我认识文章的层次,教我熟读贾谊的《治安策》《过秦论》、韩愈的《原道》《争臣论》等较长的文章。而在我能写出一些稍好的作文时,又教我用词应该确切(例如在描述寒风时,我曾用过"大衣萧瑟"的短语,先生划去"萧瑟"二字,另加眉批"大衣岂能作响?")。从此,我就十分警惕,作文绝不能留有语病。

其次,张先生知识面较宽,并引导我博览群书。当时,他曾指导全班在课内阅读"四书"、《左传》,介绍《说文解字》,并讲述了八卦的写法。我曾感觉到学习太杂,在向他交的周记中,自称愿意"由博返约"。他立即在周记中批示:"你的学习刚开始,还谈不上博,如何返约?"从此,我先是沉浸在《万有文库》(商务印书馆在当时出版的一种丛书,刊有许多古典文献,内容丰富)

阅读之中，随后又发展到其他方面。张先生最终称我为“披书颜开”，确是一真实写照。

（1936届校友，桥梁工程专家，西南交通大学资深教授，我国现代桥梁工程的开拓者之一钱冬生）

他所教的师一级，多运河一带学生，暑期将届，选诗九首，隐寓一路归程，其目为王士祯“别广陵”，鲁一同“雨泊湾头”，厉鹗“召伯埭”，张问陶“过界首”，吴伟业“高邮道中”，查慎行“宝应雨泊”，张謇“从孙观察奉差淮安纪行”，沈德潜“泊舟版闸”，万寿祺“清江浦”用以赠别，于生活交际中培植学生的文学修养，可谓别开生面。此皆积之有素，故能取之裕如，非仓卒间所能办也。

（1937届校友，刘维桢）

煦侯老师在教学上的独到之处，首先是善于选择教材，当时没有国文教科书，全由老师选定范文，编印讲义。张先生既从中国文学发展的角度，选讲历代有特色的诗文词赋，让同学们对祖国古代文学有概括的了解；又注意选取一些有益于修身立志的篇章（如文天祥的《正气歌》等），让同学们研读，以陶冶情操。应该说，在那时的历史条件下，他是力求把“授业”（讲授语文知识）和“传道”（进行品德教育）结合起来的。

煦侯老师批改学生的作文十分精细。他不仅改正错别字，治好病句，理顺文章脉络，而且对写得稍微精彩一点的段落，还要浓圈密点，甚至注上眉批，最后又写一段总评语。每次复看张老师批改后的作文，我总是获益良多，深受鼓舞。

（1947届校友，作家、诗人，江苏省新闻研究所原所长邹荫辛）

从上述回忆文字可以看出，张煦侯先生尊重、鼓励学生，注重语文的实际运用，重视学生自主学习，重视广泛阅读，重视积累。他曾说“为学主智，积理为亟”，他认为，国文教学“自动重于讲授，专书重于单篇，札记重于课作”。[8]这些精辟的总结，深得语文教学要旨。几十年后的今天，当我们总是感慨“语文课不知道怎么上”的时候，重温张先生的教诲，一定会让我们醍醐灌顶，豁然开朗。

（二）目标明确，立足实用，重视发展

张煦侯先生在《高中国文教学刍言》中说：“吾尝静思：学文之事，致力于平时者有二，曰识字，曰积理；收功于临事者二，曰行文，曰演说。”[8]这样的语文教学目标鲜明地指向语言文字的实际运用，这与当时政府以及国内形势对语文教学的要求是完全一致的，更充分体现了语文的工具性。

1928年，在对江苏省立扬州中学成立一周年进行总结时，更将这样的教学目标进行了细化。

初中目标：(一)使学生有迅速阅读平易文字之能力，以启发其思想；(二)使学生有精密欣赏国语文学之能力，以培植其情绪；(三)使学生有自由发表通畅文章之能力，以充实其技能。

高中目标：(一)使学生明瞭现代之文学思潮；(二)使学生明瞭中国文学之渊源及其价值；(三)使学生有欣赏中国文学名著之能力；(四)使学生有研究古代学术思想之兴趣；(五)使学生有发表思想之充分的技能。[9]

1937年，在对江苏省立扬州中学十周年进行总结时，再次明确上述目标，并且对这些目标的确定做了说明。

本此三者，以教以学，勤劳不懈，效多用宏。嗣以国步艰难，国民经济，尤日见窘绌。于是当道兢以生产教育相提倡。而本校初中国文教学目标，亦附益以和之。迨"九一八"事迹后，外侮频惊，汉奸蜂起，三省沦陷，民族阽危，救亡御侮之呼声，甚嚣尘上。学者又以国防教育民族教育相揭橥，由是本校初中国文教学，除上述目的外，并以巩固国防，发扬民族为主旨。凡选材习作，均以此为依据。而本省厅颁国文修学指导要目，特设三项国文学科，其性质：①习学本国固有文字，了解本国固有文化，完成青年正确之基本思想。②使能运用本国文字，发抒个人思想及情意，得到明白晓畅之程度。③养成读书有恒习惯，增强个人自修力量(载厅编《江苏省中学生修学指导要目》)。由是本部国文教学，遂以坚定国防，振兴民族为鹄的。此十年来本校初中国文教学目的变更之大较也。

及"九一八"事变后东北四省失陷，学者竟以国防教育民众教育相尚，于是本校高中部国文教学目标，亦以此为依归焉。[10]

(三)"固定教材"与"移动教材"相结合，校本教材选文标准早于部颁标准

"固定教材者，乃依部颁标准，厅颁进度以编制之本也。移动教材，则斟酌当时需要，以为之补充，或视年级之高下，以为之增益。"[10]

对当时各地教材的选文和教学安排的现状，张煦侯先生既切中肯綮地指出其弊病，又提出了建设性对策：

高中国文，受病有二因：一由选文未有标的，一由读书未能侧重。夫选文未易言也，一学年中，不过五六十篇，则篇篇必当有其所负之使命在；譬之一选举区，烟户以万，今拔其数人，则此数人者，必各有其所代表之职业在也。处今制度之下，既未可全废范文，则高中三学年中，当各立一鹄以为重心。既有重心，则教学有定趋，日力无虚糜矣：此选文有标的之说也。

吾校自今岁（1931年）暑间，以十余人之心力，编成国文教本若干卷。其于高中，每学年各立目标：第一年为各种文章体裁示范，第二年在代表各家作风，第三年为中国名著示例，标揭既异，抉择自不得不精，他日全书即成，效必可观。且第三年为名著举例，其于生徒读书，又有甚大之助力，盖无异读一名著提要也。惟读书当侧重一节，其义非数言所可举，请得备而论之。[8]

一方面，遵照国家的规定，另一方面又突出时代和学生的需求，但无论哪一方面，都鲜明地体现教材校本化。当时学校所用教材绝大多数都是教师自行编写的。

至于选文亦有明确标准，从内容与形式两方面作出了明确规定，既关注了人文性，也兼顾到科学性。

至选文标准，以实质为主，以形式为辅，外形以合于论理及文法为要素，实质以合于青年心理于环境为鹄的。并期以不违背时代精神，藉资激发学生正当思想，若其矫揉造作，议论武断，华饰无实，浮词烂语，堪累典故，与夫意义晦涩，无病呻吟者，则绝不入选。此形式方面之消极条件也。实质方面之积极条件，即以有民族精神，富创造意味者为最上。如能培养人格，发展本能，表现人生真义，切近环境现象，文词美丽，趣味浓厚者，亦皆视为优良之教材，反之有厌世思想，出世观念，或具宗教色彩，以及意义肤浅，兴趣枯燥者，亦绝不入选。[10]

除总体选文标准外，落实到具体年级，亦有明确规定：

初中阶段。第一学年，作业及学分支配：①语体文占二学分；②文言文占三学分；③语法及作文占二学分。选材准备：①记事文占六分之三；②说理文占六分之二;③抒情文占六分之一。第二学年,作业及学分支配:①语体文占一学分;②文言文占三学分;③文法及作文占二学分。选材标准:①记事文占六分之二;②说理文占六分之三;③抒情文占六分之一。第三学年,作业及学分支配:①语体文占半学分;②文言文占三又二分之一学分;③作法及作文占二学分。选材标准:①记事文占六分之一;②说理文占六分之二;③抒情文占六分之三。

高中阶段。第一学年,作业及学分支配:①语体文占半学分;②古文占三又二分之一学分;③作文笔记占一学分。选材标准:①与学术有关者;②可见本人作风者;③能代表当时思想者。本学年之企望:①能作五百字以上组织严密思绪充沛之文;②能标点浅易之古书;③能精读唐宋以来名家之文章及大作家之诗;④能略读下列诸书:《新文艺评论》《文艺思潮论》《梁任公近著第一辑》《论语》。第二学年,作业及学分支配:①语体文占四分之一学分;②古文占三又四分之三学分;③作文笔记占一学分。本学年之企望:①能作七百字以上组织严密饶有情采之文;②能标点较深之古书;③能精读秦汉名家之文章及宋之大作家之词曲;④能略读下列诸书:《清代学术概论》《先秦政治思想史》《出了象牙之塔》《苦闷的象征》及《近代文艺十讲》《大学》《中庸》。第三学年,作业及学分支配:①语体文占四分之一学分;②古文占二又四分之三学分;③作文笔记占一学分。本学年之企望:①能作一千字以上组织严密、含义丰富、辞藻赡丽之文;②能列举国学及文学上重要之点而详述并评判之;③能精读三传、诸子、艺文志、经籍志及楚词、汉赋之重要篇章;④能略读下列诸书:《文心雕龙》《诗品》《文史通义》《史通》、陈钟凡《中国韵文通论》、胡适《戴东原的哲学》。[11]

在萧征万先生所著《三年来之国文教学》中,又对选文标准进行了补充说明:

各种文体错综排列。第一学年偏重记叙文抒情文,第二学年偏重说明文抒情文,第三学年偏重议论文应用文。

语体文与文言文并选,侧重文言文;各学年评议分量的比例递次为五与五,四与六,三与七。

选文二篇以上为一单位,大抵就文章的改天换地或体例、时代、作者类次相同及研究之贯一而互相联络。[12]

这样明确而细化的选文标准，远早于当时教育部的规定，也影响了教育部对语文教材选文的要求。从下面的文字中，可以清楚地看到当时扬州中学语文教学对全省乃至全国语文教学的影响力，也可以看出这样的影响力给教师带来的自豪感。

民国十九年本省各中校国文同人开会于扬州，议决编辑课本，汇合各校教材，集思广益，而以编校之役属诸本校，本校同人不敢自爱其劳，忘其固陋，勉行其事。当时先拟例目若干条，大概所选文字，文言白话参半，皆传诵古今脍炙一时之作，冷僻奇垓，在所不选。高中又按年分定标准，第一学年注重体例，第二学年注重文字之源流，第三学年介绍各重要书籍，此其内容之大概。与后来教育部所颁标准，竟相暗合（部订高一、高二全同，高三注重历代之思想，与此略异，然各重要书籍中，亦包有各派思潮，则虽略异而实不异矣）。此又同人引为私幸者也。

当时复由少校各代表开会于无锡，通过例目，即由本校编辑评注，不一年竣工，付南京书印布。于是本校即用此为教本，历试数年，深不自满，增文改注，勤勤未已。

会民国二十一年度教育部颁布国文科课程标准，次年本省教育厅根据部订标准，选定篇目，制为进度表。本校遵循厅令，全省同风，至是而范文一项，乃有定向。近两年中厅方又屡有修正，时复咨询各校之教授实际情形，本校同人既以经验所获，稍有献替，而张君煦侯又参与修正工作，此又近五年中本校对于范文之大概情形也。[10]

（四）自动重于讲授，务使学生自动解决讨论，突出学生主体性

《十年来国文教学概况》明确提出：“本校国文教学，素主启发，令学生自动，藉以引起研究兴趣。”这种强调学生“自动”的理念，既是对学校历史上朱自清先生“自治自动”思想的继承，又吻合于国际教育潮流，并深得语文教学的要旨。研究性学习的思想，直到新世纪才被中国教育所倡导，在 2001 年开始实施的新课程标准中，才明确提出这一理念。

在《三年来之国文教学》和《十年来国文教学概况》两篇重要性的总结文章中，都鲜明地对教学方法做出这样的表述：

国文教学，力求避免注入式和讲演式的方法，设法使学生自动参与学习历程，自动解决讨论所学习的材料；通常注意下列两点，以为教学实施的原则。

(1) 指示学生自动研究的“方法”“材料”和“工具”等，不要事事为学生代劳；故在课前令学生有“预习”，课中有讨论，课后有“结束”的工作。

(2) 课内讲授方式，学生要由被动的变为自动的；教者少用滔滔不绝的讲演式的教授法，多予学生以“质问”的、“讨论”的机会。

这个原则，反对灌输式，强调了学生的“自动”，强调师生合作探究。遗憾的是，此后几十年来，中国的语文教育却未能光大前人的优秀教育理念，绝大多数语文教师依然喋喋不休地讲，依然无视学生的存在。即便有人意识到这个问题，开展了关于教学主体的讨论，虽然最终达成共识，也只不过是回到前人早已倡导并实践过的理念，徒然浪费了几十年的大好时光，贻误了一代代学子，将语文引入死胡同，并饱受诟病。从这个角度说，扬州中学的语文教学思想不仅在当时是领先的，在当今依然是先进的。

更可贵的是，根据这种原则，教者都各订有教学的程序。比如：

课前预习：①文章体裁；②作者小史及其学说思想、艺术作风、师承派别等；③辞句之解释(生字、难词及典故)。

课中讨论：①全篇之要旨；②应分几段及各段之大意；③作品的艺术，如修辞、文法、描写技术、记叙方法及论说之组织；④就作品中对于作者之观察，如作者个性、意向、生活、思想、情绪、修养、艺术工夫等；⑤就作品中对于问题背景之观察，对于问题文，当注意问题发生之原因，解决方法及对各方面之关系，对于艺术文，当注意作者情调生活及当时社会情形、当时文艺思潮等。

课后结束：①欣赏精读；②读后评感；③命题仿作；④教者考查。

以上所举教学程序，实施时不必尽同，盖学生程度有浅深，文章篇幅有长短，教者不能不斟酌情形稍事损益或略为改变也。[10]

“不要事事为学生代劳”，学生能解决的就让学生自行解决，但不等于放任自流，不等于老师完全不讲不管。张煦侯在《扬州授文丛纪》中对“自动”做了科学而全面的补充：“专书精读，每周一时，在理当为指导，或讨论时间，即无问题，亦须自行阅读。然就事实言，往往不能完全自动，而以讲解责之教者”“或义蕴稍深，经学者提出，亦得由教者自讲；有待商度处，并得互相讨论，以决然否”。当讲则讲，当引领则引领，真可谓科学的教学方法。

（五）精读以积理为亟，略读以博为贵

当时国民政府教育部于所颁课程标准，“厘学生所读之书为二，曰精读书，曰略读书”，但“未尝析举其目，且未尝一揭其例”，即既没有规定具体篇目，也没有具体示例。而扬州中学“为求条理清晰计”，则进一步将阅读细化为“精读”“略读”“课内阅读研究”“课外自由阅读”四类。

精读：由教员选定的名著；学生对于选定的读物须有精确的详细的了解。高初中各年级每学期至少均以一部为主要读物。

略读：教员就各级学生性所近，国所及，研究所涉，名著的选本，文学的总集，有价值的杂志，散见各书的单篇作品等，指导阅读使学生对一献计献策折内容旨趣，有概括的了解的欣赏。高初中各年级每学期至少均须选读二种。

课内阅读研究：每周于国文学程中规定一小时为课内阅读研究时间，自第十七年度第二学期起，高初中各年级均已一律施行。

课外个别阅读：学生就教员所指定精读的略读的书籍在课外自由阅读。[12]

在确立阅读类型后，进一步明确教材，明确阅读范围或具体篇目，并确立了“精读以积理为亟，略读以博为贵”的原则，精读注重探究笔记，略读注重方法指导。这就比教育部的规定更为切实、具体。

中学教授单篇范文，昔曾疑之，以为法格徒存，含义终少，益人有限。旧时为制举文者，能熟于法即可，无取博观，故以能读多篇为已足；今世为学主智，积理为亟，文章工具耳，苟能为之，无取多篇。

夫范文与专书有别：书以省览为功，文以讽读为事。今周授一篇，而读之者甚鲜，于是生徒之上课，同于帝王之御经筵，讲官既退，此课便了，日复一日，讲义山积，而于读文之初旨固无与也。

但在初年级，单篇尚有相当之价值耳：一，字句章篇，秩序谨严，可明文法；二，论说叙记，规格殊异，可辨文体；三，抑扬讽诵，印象深固，可熟文机。

初中重模仿，资于范文；高中尚储峙，取于专书。当初中而倡博览，则茫然不得致力之途，在高中而犹主范文，则索然易生厌倦之思。

关于精读书，初用校编本，按文体以分类，因问题以别组，教学俱感得宜，嗣以厅颁进度，为遵守功令起见，因采用当代教本，乃历时未岁，进度又以修改闻，于是复采用今本，即厅编之标准国文。近为适应非常时期教育方案起见，更益以补充教材，参杂讲授。

精读书中，《左传》《史记》《孟子》《庄子》四书，总不可少。盖《左》《史》为述事之典型，《孟》《庄》乃说理之模范；且《左》《孟》平正，可以植其根本，《史》《庄》奇矫，可以观其变化。熟此四书，基础斯立。顷者征万先生倡编学生阅读丛书，分人担任，先出七种，每种一学期读讫，亦用集团编制之法，并附研究题，为札记之助。七种者：曰《论》《孟》，曰《左》《史》，曰《老》《庄》，曰《诗》《骚》，曰《诗词》，曰《说部》，曰《诗文评》。窃心许之，以为约而居要，莫善于此。此编若成，则精读之书无问题矣。

至略读书，约之得二十五种，包孕六类：

一、通论学术门径者——有《四库全书提要叙笺注》《经子解题》《清代学术概论》三种。

二、叙次文学历史者——有《五十年来之中国文学》《白话文学史》《中国小说史略》《宋元戏曲史》四种。

三、纵论古今文学者——有《曾文正公日记》《涵芬楼文谈》《中学以上作文教学法》《中国文学研究》《给志在文艺者》《新文学概论》《文艺论ABC》七种。

四、涵养文学趣味，或资讽咏者——有《古诗源》《杜苏诗精华》《词选》《世说新语》《陶庵梦忆》五种。

五、启导常识，并资楷则者——有《乙丑重编饮冰室文集》《胡适文选》二种。

六、直接或间接启示文学家之修养及性格者——有《东坡志林》《袁简斋尺牍》《陶渊明》《李杜研究》四种。

六类者，独缺小说，以不胜举也。吾以为略读书之用，即在各适其性，以济专读之缺点，理不当有所拘囿。前为一年级初从事计，约举其例，以示正则而已。[8]

为达成精读和略读目标，要求学生自备工具书籍，如字典、辞源、词诠、人名大辞典、书目答问、四库全书简明目录、大事年表等。除图书馆备有书籍外，每班教室，“由校备书柜一双，约能存书四百册，书籍由学生自备，每人最少须供给三册，目的在使学生得交换阅读之机会”。[10]

对精读和略读的策略，同样有明确的规定，提出“课内并令学生随时笔记，笔记复得附评感，以发抒个人意见”“课内则重在讨论批评，课外则重在检查与笔记”的主张。精读书注重探究，笔记中应居主要部分。略读书但供浏览，以博为贵；笔记中只须于每部读毕时，作一简单之论述已足。

阅读时由级会商得教师同意，或教师预示学生以时间，出席指导。有时由级会缮就阅读志疑表，发给各生，阅举依表填写，汇交学艺股送教师解答。间亦有由学生互相解答，送教师订正者。此课外阅读指导之大较也。至其个别阅读指导，则重在图书馆之运用。制成各种介绍卡片，书明图书内容，令学生就卡片提要，检阅书籍，或持卡片向教师询问，如此，学生既能得研究门径，并可获得与个性相接近之图书。其为教师指定者，则皆与精读教材，取得联络，以期有融会贯通之效。关于阅读心得，令学生写成书后，交教师批阅，并择优登载级刊，以资观摩。间有演说会，由阅者报告书中精义，或加以批评，俾公共讨论，所得兴味，亦颇浓厚。[10]

从上述文字可以看出，当时的阅读教学的几个特点：一是强调自主性，二是强调质疑的精神，三是将精读与略读打通，四是突出方法的多样性和实用性，五是突出学生阅读兴趣的调动。概言之，既重视科学知识与人文知识的学习，又重视科学方法和人文方法的掌握，以及科学精神与人文精神的培育，因而已经鲜明地体现出“科学与人文相融合”的语文教学特色。

（六）形式多样灵活，主张读写结合，札记重于课作

在《十年来国文教学概况》中确立的作文教学的目标是：“学生发抒文字组织能力，表现个别之思想与情趣，……教师测验学生文字组织力量，纠正学生之思想与情趣。故习作教学，实为国文教学之中心。”

至于命题标准，比如初中，一年级偏重于记事描写，并以适应现实生活为主。二年级则记事与说明并重。三年级则偏重于说明议论，并联络其所阅读之文章与书籍，以及个人学校社会的现实生活，且切实注意题意之深浅与范围之广狭。

在时间安排上，作文教学分长时间与短时间二种。短时间在教室内习作，每次二小时；长时间在教室外习作，缴卷时期，至迟以出题后两日为度，逾期酌量扣分。至作文次数，最初规定每学期须作满十篇，其后则规定间周习作一次。

而出题则采用多样灵活的方法，具体包括下列十二种：

(1) 命题：教师命题，或由学生自拟题目，经教师选择，每次命题至多以三个为限。

(2) 翻译：翻文言文为语体文，或翻语体本为文言文，或翻诗歌为散文。

(3) 整理：由教师供给零星材料，令学生作成有系统之文字。

(4) 变易文字之繁简：发一简约文字，令学生就原意演成详细文字；或发一冗长文字，令学生就原意节为简短。

(5) 实地叙述景物：教师率领学生至郊外，或胜迹，实地描写景物，教师随时指示观察点之转移，景物之远近，及色彩之浓淡等，以定叙先述后之方法。

(6) 听写速写：由教师口述故事后写出。

(7) 讲演记录：记录他人演说辞或自拟演说稿。

(8) 实录：记录参观、旅行或亲身所遭值之实况。

(9) 日记：随感录、杂记、通信等。

(10) 填充：以一段文字，抽去紧要虚实字，令学生填补。

(11) 改订：以一篇文理不通文字，令学生改订，不许掺入己意，或以一篇文字，颠倒其段字句，令学生校订。

(12) 书后：就已读之文，或已阅之书，加以评论。[10]

这些多样灵活的作文形式中，翻译、填充、整理、听写速写、演讲记录等充分体现了作文训练中语言文字运用的功能，工具性十分清晰；而实地叙述景物、实录、日记等则体现作文与生活的密切结合，与叶圣陶等语文教育家倡导的“谋生活”的作文观是一脉相承的；修订、书后则着力训练作文的基本能力和表达自己独特观点，与于在春等倡导的“技术第一”的作文理论完全吻合。

对于作文的考核，张煦侯在《扬州授文丛记》中则明确提出“清通真切，灵紧新入”八字标准。“又每字各注四言：清曰端绪不紊，通曰事理无碍，真曰出自胸臆，切曰不可移易；灵曰文笔生动，紧曰冗繁必删，新曰陈言务去，入曰鞭辟近里。”这八项标准，由低到高，呈现出系列化、实用化和科学化的特点。

学校在“时各校多未尝行札记”之时，“本校曾提案于省校国文学科会议联合会”，极力推崇、重视将阅读和写作结合起来，这样的“读写结合”语文教学思想，建国后几十年一直为语文教育界所倡导。

张煦侯在《扬州授文丛记》中说，“今日尸教育之责者，当知高中读书，既重于范文；则札记之重要，不下于作文”，“札记之法，精读书最宜采用者矣”。

针对读写结合的思想，张煦侯先生进一步提出了具体的做法：

大抵学期之始，所定精读书籍已到，则由教者按实际时间，排定程限，印发全体。学者于课后遵限札记，每月一缴。其札记方法，胪而举之，可七八种；然就中学实际言之，则可行者有二种。

札记方法
- 命题
- 自制
  - 纲要式——每篇要旨分项节述
  - 述评式——融贯大体并抒心得[13]

而在《十年来国文教学概况》中，则对十年来扬州中学在“札记”一法方面的具体做法和预计达成目标做出了更为详细的总结。

关于初中札记：

本部国文科之有札记，由来已久。最初重在课堂听讲时之笔录，其材料率由教师供给，嗣更改由学生自动搜集材料，约分、录节、纲要、批评、注释等项，藉以启发学生思想，增强习作技能，较教师供给材料，获益甚夥。

若节录一项，即包含欣赏参证二义，精美词句之摘取，成言掌故之抄录，则属之于欣赏，于此既以培植其认识力量，厚植其创作情绪，至有关课文之篇章词句，亦尽量摘取，触类引伸，或藉以疏通证明，或因以佐翼解释，其于是收参证之效。于纲要则重在摘录大义，求其要点，分别段落，明其结构。

列表以备记忆，分类以备取材。批评，即希学生于读一文之后，能经批评眼光，作综合分析之研究，务求得其方法与效果，斯亦开拓心胸，发展思想之一道也。注释则将每日所见之生字与新名词，就参考询问所得，注释于下，积久汇为小册，足备遗忘，如有疑误，可随时修正之。苟学习日深，觉从前所注解者，肤浅而未能当意，则重为之。

关于高中札记：

学生阅读时，须作读书札记，其方法凡八：一曰摘要，则根据原书，摘录要点也。二曰撰术，则融贯大旨，另加编述也。三曰表解，则举要制表，俾醒眉目也。四曰问答，则设问解答，以释精意也。五曰论评，则阅读既毕，发抒所见也。六曰参证，则繁证博引，以补原谊也。七曰讨论，则抽出问题，深求精讨也。八曰摹拟，则命题摹拟，练习应用也。本校于上述诸法中，视所读之书，酌量采用，不拘一法。[10]

这些札记方法，紧紧地将读与写结合起来，层次清晰，多样实用，目标明确，可操作性强。即便是同样一种方法，于初中和高中又有区别，体现对学生本体的研究与尊重。尤其是“苟学习日深，觉从前所注解者，肤浅而未能当意，则重为之”，则体现“温故而知新”的学习策略，于今天的语文教与学，无疑是有极大的启发意义的。

或许正因为这种语文教育思想的影响，1930 届校友、原联合国副秘书长毕季龙（毕庆芳）在校期间就发表了《孟子哲学之中心问题》（原载《扬中校刊》55 期）、《小说的研究》《方老太的福气》（原载《扬中校刊》56 期）、《欲的社会论》（原载《扬中校刊》60 期）；1930 届校友、著名理论家胡乔木（胡鼎新）在校期间就发表了《近代文艺观测》（原载《扬中校刊》48 期）、《辞别》（原载《扬中校刊》50 期）、《平居有寄》（原载《扬中校刊》54 期）；1933 届校友、著名植物学家吴征镒院士在校期间发表《救亡歌》（原载《扬中校刊》58 期）。

（七）偏重平日积分，突出能力评价，尤重作文考评

江苏省立扬州中学的考成，大致可分为临时测验、定期考试二种。临时测验，以默书、答问两方式行之，每周一二次不等；定期考试，分月考、会考、学期考试三种。

至于评价标准，则偏重于平日积分，包括检查笔记（定期或临时缴阅记分）、课内考查（包括复讲、问答、轮流报告及讨论）及作文，其成绩占总额十分之六；学期考分、月考与测验（主要采用正误、解释、填字、翻译、标点、默写、答问、造句等法）分别占百分之二十。确立这样标准的原因是"同人以学生国文进步，非可侥幸于一时，应注意于平日之训练"。对于作文评价，他们同样认为，"不加注重，则学生易存敷衍之心，而月考则一次，势必群希侥幸，如是非特根柢不实，亦且助长其幸进之心"。这样的评价，少了许多急功近利，也更接近语文教育的本质。

而于作文与测验两者而言，则更重视作文。他们认为，"考试与测验，属于记忆及理解之训练，历次作文，属于思想及技能之训练，权其轻重，前者固不可忽，后者尤宜特别加以注意也"。[10]此外，学校还有"会文之举"，即作文竞赛，"虽事属竞赛，但亦与考成有关"，也就是说，将作文竞赛的成绩纳入综合考评。突出作文评价，也就是突出能力评价。

四、战火频仍，弦歌不辍：贴近学生心灵，自选自编教材，突出技术第一

1937年抗战爆发后，扬州中学校园被日本军队占领，周厚枢校长率领部分师生远赴重庆合川继续办学，先名为"国立四川临时中学"，后经国民政府统一编制为"国立第二中学"。其他部分师生，分别在江苏泰州、兴化和上海高乃依路以及扬州本地办学。

虽然分处各地，但各校基本上以本校教师为主，依然沿袭了扬州中学的办学传统。当然，这一时期的国文教学，不可避免地烙上时代的印记。在国立二中时期，周厚枢校长就明确提出"诸位是民族复兴的种子"的思想，并在国文教学中渗透爱国主义的教育。在上海的扬州中学（沪校），因为很多学生远离家乡，则注意贴近学生的心灵，教学内容上力求符合学生的认知特点和时代需求。

校友、著名作家袁鹰先生在《怀念恩师鲍老先生》一文中就深情地写道：

他（指国文教员鲍勤士）不仅传授古文基础知识，还借一些优秀文章阐述人生真谛。比如他讲《庄子·养生主》，"指穷于为薪，火传也，不知其尽

也”那几句，就深入浅出地讲了物质不灭的朴素原理。……又如讲南朝丘迟《与陈伯之书》中“暮春三月，江南草长，杂花生树，群莺乱飞。见故国之旗鼓，感平生于畴日……”那几句千古名句，一唱三叹，流露了浓重的兴亡之感和家国之思，我们这些在战乱中长大的青少年倒是能理解的，不过感受肯定不如老先生深切。[14]

于在春则认为，“儿童所自有的东西虽不与成人的相同，他们的心凹处虽不是成人那样的，然而他们不但都有，而且所有的都美、都善、都真”，所以于在春赞美儿童发自内心的写作。

抗战时期扬州中学迁往四川合川，成立国立第二中学时的大门

由于客观条件的限制，这一时期，学校所用教材虽然各校不同，但大多是自编的。“鲍老先生却从不用书店现成的篇目，全部是自选范文，由学校教务处职员刻钢板油印装订。我们每学期拿到这种课本，别有一种情趣。老先生是一位鸿儒，却并不排斥百家，作为一位有多年国文教学经验的老教师，他在教材中有计划按部就班地让学生接触诸子百家和古典文学多方面的范文。”[14]袁鹰如是回忆道。

为更好地适应时代需要，当时的国文教学非常注重实用性和工具性。鲍勤士先生的作文教学，“每两周做一次作文，老先生出作文题，并不严格，但是常讲讲起承转合的文章作法，而且鼓动学生自由发挥，各尽所能，然后就选一些例句，在课堂上简要评点，让大家都受到启迪”。[14]

于在春认为，造成国文程度低落的一个重要原因就是对技术的忽视，“国文学科是技术训练方面的事，教学应注意在表现的技术（作法）的理解与欣赏”。他旗帜鲜明地提出“技术第一”的口号，并基于这种思想，首倡“集体作文”。

他给“集体习作”的创作实践设计了详细的步骤。第一步是“命题”。命题可以给选材划出一个比较固定的范围，使习作的人得到些根据和方便，不致茫无头绪。第二步是材料的搜集。根据命定的题目，有学生书面提交他在写作此文时打算采用而又认为适用的材料。第三步是材料的整理。在教师引导下请学生将全班材料归纳分类。第四步是材料的评议。在课堂上采用集体商讨的形式，把学生们提出的“题材”或“题义”逐条评议。第五步是选择主题。在学生上一步充分评议材料的基础上，通过口头商讨的办法选择更精彩的主题。第六步是材料的排列。先由学生个别的去考虑，再用书面形式提出他认为最好的排列方式。第七步是确定大纲。参照排列方式的书面报告，在教室里商讨一个具体的大纲，留做文字商讨的根据。最后一步最为繁琐的就是文字形式的商讨。从选用词语到构造章句，都在共同工作下经过提出、批评和修改，最后才决定。而翻译的实践则是在共同探讨得出原文的总体风格、语言特点后，学生先自由翻译，再逐字逐句一起评析商议确定最后的文字。

五、方针指引，坚守传统：突出双基训练，重视语文素养培育

新中国成立后，语文教育以老解放区的国文教育为基础，吸收国民政府时期国文教育的经验，并按照苏联模式改造和重建语文教育。突出的一点就是1954年着手准备、1956年开始实施分科教学，将语文分为汉语和文学。早在1951年，胡乔木在第一次全国中学教育工作会议上就谈到，应该把“语文教育”与“文学教育”分开。分科教学，突出的贡献是初步构建了汉语的知识体系，比如初中汉语课本由语音、文字、词汇、语法、标点符号和修辞六部分组成，高中文学包括中国文学作品、中国文学史、外国文学作品、文学理论基本知识等。这就为语文的科学化奠定了一定的基础，充分体现了语文的工具性。但由于有关知识难度过大，过于琐碎，1958年即被废止。

在这样大的形势下，扬州中学语文教育以工具性为原则，突出双基的训练。“讲和练的分量较多，教学进度较快，学生们对语文学习的兴趣相当浓厚，因而成绩也稳步提高。”[15]同时，通过开展课外活动，例如让学生参与演讲比赛、课外练笔、办黑板报、组织兴趣小组等各种有益的活动，这就将语文与生活联系起来，从而将工具性落到实处。

这一时期的语文教育还有一个重要特征,即强烈的国家功利主义价值。这对于新中国的建设无疑是重要的,也是古代“文以载道”的教育思想的延续。而扬州中学的语文教育,在体现国家意志的同时,十分重视人文价值和人文内涵,重视人格养成、个性发展、思想文化和艺术的发展等非功利的教育价值,强化语文素养的培育,有效地防止了语文教育的异化和政治化。

郑万钟老师提出语文教育的宗旨是视学生为“人”,把学生作为一个具有独立人格的人去对待,所以他在语文教育中一直强调“目中有人”,将学生视为言语活动的实践者、平等交流的对话者,把唤醒和润泽生命当作语文教育的出发点和归宿,注重点燃学生生命之火、拨动学生心灵琴弦。

郑万钟老师还提出培养能力的核心,应该是发展思维能力的观点。重视思维能力的培养在当时无疑是先进的,是语文教育科学化的重要举措,也为后来扬州中学的“系统开展学科思维训练”奠定思想基础。

六、科研引领,大胆创新:开展思维、美育研究,构建科学与人文相融合的语文教学模式

20 世纪 70 年代末,在国家“早出人才、快出人才、多出人才”的思想指导下,在炽烈的应试教育的氛围中,出于追求升学率、增加竞争、提高考试难度的需要,学科知识的难度不断地被加深,以致脱离多数学生的实际认知能力。

此外,语文工具性进一步得到强化,几乎达到极致,使得语文完全“丢人”了;技术化的介入,使得文本的解读变成对文本的肢解;教学过程的程序化、机械化,使得课堂更加沉闷。同时,由于借鉴了西方标准化考试,而将语文变成“选择题、判断题等的习题演练。它深刻地影响了中学的语文教学——加重语法、逻辑、修辞等理性的内容,对起承转合、前后呼应等写作技术的训练,使最具人文性的语文教学逐渐成为语言文法的训练和写作技巧的操练”。[4]

基于上述种种原因,各界对语文教学表达了强烈的不满,《北京文学》1997 年第 11 期刊登了邹静之等人关于语文教育的三篇文章,进而引发社会

各界关于语文教育的大讨论。这些讨论，从不同的角度对语文教材、教法等提出了许多建设性的建议。在语文教育界也开展了关于语文学科性质的大讨论，在此基础上，2001年国家推出了新的课程标准，并开始了新一轮的课程改革。其核心内容是将语文学科的性质确定为工具性与人文性的统一，而这一性质的核心，就是科学与人文的统一、融合。应该说，这一轮的课程改革是历次变革中最接近语文的本质的。

而在这一时期，扬州中学的语文教育思想，应该说是远远领先于国内语文教育理念和变革的。

早在20世纪90年代初期，以蒋念祖、黄正瑶老师为代表的语文人，率先将思维教育与美育教育引入语文教学，在总结扬州中学百年办学传统的基础上，鲜明地提出语文“科学与人文相融合”的教育思想，从而使传承近百年的“科学与人文相融合”的思想从自发走向自觉，并成为扬州中学语文教育的共同理念。而这一思想要比新课程的相关理念整整早了十年。

20世纪90年代初期，蒋念祖老师开始关注思维培育。他吸收了林崇德发展心理学的理论，首先在议论文写作中进行思维训练。他提出议论文写作可以而且应当以思维训练为主线，具体的实施办法是：首先，在传授有关知识的基础上进行单项思维训练，让学生掌握各种常用的思维方法和思维形式，然后引导学生将各种思维方法、思维形式运用于议论文写作的全过程，让学生学会如何提炼论点、展开论点，如何使论点准确、鲜明、深刻、新颖，如何对论据材料进行选择加工。在这样的训练中，培养学生思维灵活性、深刻性、独创性、批判性、敏捷性，进而提高学生的思维品质。1995年，由蒋念祖牵头，扬州中学申报了“九五”国家级重点规划课题——“系统开展学科思维训练”，该课题于2000年结题，获得评审专家的高度肯定。作为该课题的最重要子课题——系统开展语文学科思维训练，蒋念祖老师带领全体语文教师从写作和阅读入手，对写作和阅读教学中的思维训练进行了系统有效的研究和实践，并在国内外产生了较大影响。他将既有理论性，又有操作性的成果编撰为《高中议论文写作与思维训练》一书，由四川教育出版社出版。

如果说，思维训练主要培育学生的逻辑思维、科学方法和科学精神，那么，关注语文教学中的美育，则更多地追求人的和谐发展，追求人文的方法和人文精神。在国家级"九五"重点规划课题"全方位系统开展审美教育"的研究中，蒋念祖、黄正瑶、方钧鹤等在写作和阅读教学中有意识地开展审美教育。他们认为，用于抒情写意的记叙文，固然需要重视抽象思维训练，但是训练的主线应该是一个包括审美观察、审美想象、审美情感、审美理解、审美创造等因素在内的审美能力的训练过程。同样，他们认为，如果不进行"审美阅读"，不但根本无法体悟文本所蕴含的多种美，阅读就应该是感悟美、品味美、创造美的审美过程。在此研究的基础上，蒋念祖老师出版了《艺海漫游——中学生文艺美学漫谈》《美育与中学语文教学》等专著。2000 年，蒋念祖应邀主持编写并由东北师范大学出版社出版了《中学生语文素养与美育丛书》(28 册)和《中小学教师继续教育丛书美育系列》(5 册)，方钧鹤出版了专著《中学美育简论》。

有了这些坚实的研究基础和实践基础，在 21 世纪初，蒋念祖老师提出了语文"综合观"。他在《语文教学资源》2008 年第 12 期和《语文教学通讯》2009 年第 1 期上分别发表了《综合——作文教学的改革必由之路》和《综合——新课程标准的核心理念》，全面阐明他对语文综合性的理解。他认为，"综合"，就是不再把作文训练看成是单纯的写作技能、技巧的训练，而是把作文训练与观察、思维、想象等认知能力、审美能力的训练，与写作兴趣、审美情感的激发、培养，与阅读教学乃至于各科教学与学生的整个生活实践结合起来，一言以蔽之——把写作教学与学生的全面素质培养，与学生的"社会化""人化"结合起来。基于这样的思想，蒋念祖组织编写了《龙门新语文——科学人文综合型语文读本》共 42 册，由科学出版社、龙门书局出版。

这样的大语文教育观，既把语文学科的工具性和人文性进行了融合，摒弃了当下语文教学对文本无度的肢解，摒弃了文学教学中无度的泛人文化；更重要的是，这样的语文教育思想，是把学生作为一个整体，作为一个活生生的人来培育。

与此同时，方钧鹤老师开展了"互动式有效教学与学生能力发展的理论与实践"的研究。他认为，互动教学一定有相应的互动行为，互动行为可以是主动的，也可以是被动的；互动的对象是多元的，但一定是主体之间的；互动的方式可以是言语的，也可以是非言语的；互动的核心是促进教学的有效性，即促进学生的发展。而“互动”的概念，“互动”的实践，正是后来新课程所倡导的合作、探究的具体体现。

将互动有效学习深入推进，方钧鹤提出了“对话式语文教学”的新思想。“对话式语文教学”的理论支撑主要包括现代生命哲学以及伽达默尔的“视界说”、巴赫金的“复调理论”、马丁·布伯的“主体间论”、波普尔的“三个世界”、张世英“后天人合一”哲学思想和滕守尧的“文化的边缘”理论。其核心就是要改变过去求解式、接受式的学习方式，引导学生以平等的姿态对待我们眼中的“客体”，与自然对话、与文本对话、与社会对话、与作者对话、与同伴对话。方钧鹤认为，用生命理解生命，由生命解释生命，在对话中相互丰富不断发展，应该成为语文教育改革的方向。在他的带领下，扬州中学申报成为江苏省语文课程基地——对话式语文课程基地，主编了《对话·拓展》高中语文阅读教材共5册，由凤凰出版社出版。

黄正瑶老师还对“高中语文选修教材教学模式与评价”进行系统研究。他认为，指定选修与自由选修相结合，充分考虑学生的课程选择权；选修教学要重视整体教学，要重视深度研习和深度探究；选修教学评价方式可以多样化。

无论是对教学内容的思考，还是教学方式的探究，扬州中学的语文教学已经鲜明地体现科学与人文的融合，构建了“科学与人文相融合”的语文教学模式，既注重科学知识、科学方法和科学精神的培育，又注重人文知识、人文方法和人文精神的培养，从而使新课程标准中提出的“语文素养”有了更为明确的内涵界定和实践路径。在江苏省首届基础教育成果奖评比中，以蒋念祖、方钧鹤、黄正瑶、陈国林等为主体，联合申报的“科学与人文相融合的语文教育”获一等奖。

百年探索，百年辉煌，110多年来，扬州中学的语文名家们，不断探索，孜孜以求语文教育的真谛，提出了一系列语文教育的新理念、新思想，而这些超前的新理念、新思想，不仅引领了一个时代扬州中学的语文教育，深深地影响了江苏，乃至全国的语文教育，而且因为其深得语文教育的精髓，必将影响当下乃至今后我国的语文教育。

参考文献

[1]《扬州中学校史资料长编》编委会.《扬州中学校史资料长编》第一册[M].南京:凤凰出版社,2012:3.

[2]《扬州中学校史资料长编》编委会.《扬州中学校史资料长编》第一册[M].南京:凤凰出版社,2012:18.

[3] 徐林祥.历史追问:语文教育发展篇[M].济南:山东教育出版社,2008:133.

[4] 杨东平.语文课,我们失去了什么[J].北京文学,1998(3).

[5]《扬州中学校史资料长编》编委会.《扬州中学校史资料长编》第一册[M].凤凰出版社,2012:49.

[6] 叶圣陶.朱佩弦先生[J].中学生,1948(9).

[7]《扬州中学校史资料长编》编委会.《扬州中学校史资料长编》第一册[M].凤凰出版社,2012:471.

[8] 张煦侯.高中国文教学刍言[J].扬中校刊(第59期),1931(12).

[9] 一年来之扬中[J].扬中校刊(专刊),1928.

[10] 陈啸青,汪二丘,陆庄.十年来国文教学概况[J].江苏省立扬州中学十周纪念刊(专刊),1937.

[11] 一年来之扬中[J].扬中校刊,1928(6).

[12] 萧征万.三年来之国文教学[J].扬中校刊(三周纪念专号),1930.

[13] 张煦侯.扬州授文丛记[J].江苏省立扬州中学十周纪念刊(专刊),1937.

[14] 袁鹰.怀念恩师鲍老先生[J].世纪,2008(4).

[15] 郑万钟.旧日的足迹——文革前语文教改实践的一段回忆[J].语文函授,1979(5).

变化中坚守　传承中发展

——百年扬州中学十位语文名家教育思想地图

张志强

从1904年癸卯学制正式颁布，语文从传统经典教育中分离出来独立设科，到现在高中语文新课改全面展开，现代语文教育已经走过110多年的历史。顾黄初先生把新中国成立前和新中国成立后的中国语文发展分别划分为三个阶段。新中国成立前分为：语文学科独立设科阶段（1903—1912），语文学科的体系建设阶段（1912—1932），语文学科的探索前进阶段（1932—1949）[1]；解放后分为：更新发展阶段（1949—1966），十年浩劫阶段（1966—1976），改革创新阶段（1977—　）。[2]顾先生的划分截止到20世纪末，但是，进入新世纪后语文教育改革创新步伐并未停止，仍然延续着1977年以来的大趋势。

之前研究语文教育史的学者大多力图通过搜集耙梳历史文献，还原语文学科发展轨迹。然而，少数时代引领者在权威刊物上发表的文章和教育行政部门颁发的教育政策，只是一种理想的设计，并不能反映历史的真相。更为重要的是，这种研究，无法再现当时一线教师在实际教学中与教育政策的制定者之间是如何相互对话、相互对抗、相互推动的，而这恰恰是在语文教改中普遍存在的、最有借鉴价值的问题。

本文试图通过微观研究，真实再现扬州中学历史上朱自清、张煦侯、于在春、鲍勤士、范耕研、胡乔木、郑万钟、蒋念祖、方钧鹤、黄正瑶十位语文名家在不同历史阶段的教育思想与教育实践，探究他们的主张与时代风潮的关系。这十位名家的事业鼎盛期分别集中于语文学科体系建设阶段、探索前进阶段和改革创新阶段，这三个阶段也是语文教育比较活跃的时期。他们中有的扮演着语文教育方向的指导者、语文改革的先行者的角色，有的则是语文教育政策的执行者或修订者，具有广泛的代表性。

一、语文学科体系建立和探索阶段：坚持语文特质和学情视角

癸卯学制之后，语文教学的宗旨明确为应用，但教材编写体例未能脱离科举时代古文选本的窠臼，教学上仍旧是教师讲解，学生记诵。直到 1912 年教育部颁布《中学校令实施规则》，传统的教学模式才有所改变。此后直至 1932 年国民党政府教育部颁布中小学各科《课程标准》的 20 年时间是语文学科逐步构建自身学科体系的阶段。

1912 年的《中学校令实施规则》中明确规定："国文要旨在通解普通语言文字，能够自由表达思想，并使略解高深文章，涵养文学之兴趣，建议启发智德。"[1]语文教科书编写文白兼收、取材涵盖古今中外社会生活，体裁涉及日常应用的各类文体。在教学法上，广泛学习国外教学理论，诱导学生主动学习为主要特征的新教学模式得到提倡，并在 1923 年形成了中国语文教育史上第一个以现代教育学为理论依据的且体系较为严整的语文学科课程标准。

扬州中学成立于 1902 年，与中国现代教育同步。在语文教学改革过程中，扬州中学走在时代前沿，早在 1917 年，江苏省立第八中学（扬州中学前身）国文教授研究会就曾对国文教学总结出八条办法，其中"读法：注重审美"，突破了旧的框架，1918 年又对该办法进行了两次修改，增加了"教材要多选能引起生徒思想之文"、提倡自习、"自由发表思想"和学生自改作文等内容。这些改革大大激发了学生的学习兴趣，有助于提高学生的能力。1919 年为提倡课外阅读，李荃老师建议：课外阅读的书籍由学生自由选择，教师帮助审定；学生每日做笔记，教师只改正其字句，不束缚其思想；作文应给出多种命题，供学生自由选择，批改时只评优劣，不加删改。[3]可见，扬州中学的语文教学在语文设科之初，就立足于学科特质和学情视角，从能力训练和人文熏陶两个方面努力，可谓开风气之先。由此奠定了扬州中学百年语文教学的基调。

此后的二十年代到四十年代，扬州中学先后出现了朱自清、张煦侯、鲍勤士、范耕研、于在春等名师。朱自清虽然只是短期任教，但给学校留下了

“人格健全，学术健全，自治自动，体育兼重”的办学理念，影响深远。之后，他以著名作家和学者的身份，撰写教学论文，编写教材，推动着语文教育发展。另外几位老师由于受过系统的文言教育，国学功底扎实，加之长期耕耘于杏坛，面对语文学科建立初期诸如文白之争、“教”与“学”的重点之争等一系列的讨论，他们采取一种不跟风、不盲从、稳健务实的态度，立足语文学科性质和学生的学情，对流行语文教育思潮进行理性的吸收，因地制宜，提高教学实效。

朱自清发现，语文教学论文中的理论与现实相差很远，原因有“论者所定标准太高”“教师的标准和精力不及”，“学生在语文学习上花的时间有限”。他既反对把国文当成一种技艺来传授，又不同意穆济波等学者将“人的教育”全部重担都压在国文教师的肩上。他认为语文教学的目的有两个：①养成读书思想和表现的习惯或能力；②发展思想，涵育情感。后者是所有学科共有的，前者才是国文科所特有的。在实践中两个目的不可分离，但前者是主要目的。对于穆济波提倡的文白分教，有所专习，朱自清先生认为害怕合教会混乱学生心思的是杞人之忧。要相信学生有独立判断的能力，自知“孰主孰从”，且“白话文要从文语中搜罗些旧料，建筑新屋”[4]发挥文白相济的功效。针对教材是以选文为主还是以专书为主这一争论不休的问题，朱自清摒弃经验之谈和主观臆想，从学生的心理着眼提出看法。从语文课堂教学目的来看，课堂教学原重在“指示方法，养成习惯”，任何书都是由短而长，因此，读单篇选文是从近处低处下手，并无不合理处。散篇容易完成，保证教学过程中学生的注意力集中，便于养成良好的读书习惯；选文可以思想和感情多样，避免了专书“偏于一隅”，单调乏味，有利于学生兴趣的培养。

朱自清先生还积极主动地接受现代性因素的影响。20 世纪 20 年代前后，外国教育新思潮传入中国，赫尔巴特根据心理学原理提出了教学形式四阶段的理论，他的学生赖恩等加以发展，将四阶段改为五段式，并具体运用到语文教学上来。[5]朱自清加以改造，朱自清创制了“五步教学法”：①课前学生预习；②课上学生报告预习结果；③令学生分述各段大意及全篇大意；④师生共同研究篇中的情思与文笔；⑤一篇教完，行口问或笔试。

可见，朱自清先生作为一线教师是站在学情视角和学科特色的角度，批判地吸收一些学者的主张，审慎地学习国外理论，服务于实际教学。1929年之前，语文教学处于大胆探索，百家争鸣的阶段，孙俍工积极从事道尔顿制改革，吴研因推行受杜威影响"自然教学法"，相比而言，朱自清等扬州中学教师采取了一种稳健务实的态度，注重从实践中摸索前进。

1923年由新学制课程标准起草委员会讨论指定的"国语""国文"课程纲要，是现代语文教育发展的历史上第一个严格意义上的语文"课程标准"。但因为军阀混战等原因，并未在全国范围得到真正落实。北伐战争后，国民党完成了形式上的统一。1929年又一律改为普通科制，因此各科课程标准必须做相应的修订。1929年8月教育部颁布了《高级中学普通科国文暂行课程标准》(以下简称《暂行标准》)，为了推行国语教学，教育部连续发了几个训令，督促小学实施国语教学，初中阶段文言语体并用并形成一定比例，高中教学文言为主兼向语体文开放的局面形成。《暂行标准》到1936年被加以修正。主要变化：①从教学目标上，增加了"了解固有文化"、"唤起民族意识"等；②从教材内容看，增加了文言文比重；③规定重视"党义文选"，增加"党国先进言论"。初高中阶段在文言读写方面大大提高了要求。[6]在高中选文的编排上，1932年审核的《高级中学国文课程标准》是高一以体制为纲，高二以文学源流为纲，高三以学术思想为纲，到"修订本"改为"应顺文学史发展之次第，由古代以至近代选取各时代中的主要作家之代表作品，使学生对于文学之源流及发展得以系统之概念"，强调"史"的时间顺序。

教育行政部门制订的课程标准主要是从学科知识结构和国家意志角度考虑问题，在从"纸上"到课堂上的落实过程中，学校的整体氛围和一线教师的知识背景、兴趣爱好起着关键作用。当时，扬州中学名师张煦侯、鲍勤士都是旧学功底深厚的文史大家，远离北京上海等新文化运动活跃的城市。这样的学科和思想背景，决定了他们在教学中注重古文，忽视白话文；重视书面语，忽视口头语，略显保守。但是，他们也因此保持了一份清醒和理性。主要体现在两个方面：一、在文道关系上，不盲从潮流，重道轻文，坚守文道统一的语文教学规律；二、在"教"和"学"的关系上，注意教与学的结合。了解学生实际水平和真实心理，善于以学情视角来研究教学，并用编教材等方法弥补《课程标准》的弊端。这时期教材多由民间编写，政府部门只负责审查，学校自行选用。在整个30年代，张煦侯、范耕研、鲍勤士等在教学上的主张主要依靠编写教材来实现，除了出版南京版《新学制中学国文教科书》（初高中各六册）之外，还撰文讨论了补充教材的编写情况。

如何编写教材才有利于学生精读呢？张煦侯提出四点建议：一、选择读物，要“适合学生需要”；二、排定进程，要如“五年计划”一样具备整个的设计；三、支配分量，要适合一学期之用；四、附加注释，要设身处地尽力减少了解的困难。概括这四点建议并结合相关论述，我们可以梳理出其教材编写的重要思想：尊重语文学习规律、从学情视角出发、联系现实生活。

另外，编写教材必须考虑学生的智力和情感发展水平。他说，高三学生，“理解力日当，其需要知识之欲望”，因而赞同《课程标准》多加论述文，使学生树立“学识之基石，悟得思想之条理和发表之方式”。这时增加古代圣哲思想，可以“浚其神智”，以“增其能力”。但是，他结合教学实践，提出了三点难处：一、一年之内连续讲授国故，让教师兴味索然，学生整天接受抽象的道理，必然学习效率低下，恹恹欲睡；二、一年中讲授各家思想，自然不能全面，不成系统，难免挂一漏万；三、学术文章与学生的读写实践脱节，便于讲授，不利于讽诵朗读，不利于学生写作时模仿。其中一、三两点都涉及学生视角：第一点是强调教材选文必须能够激发学生兴趣；第三点是强调教材要有助于学生读写水平的提高。

教材要与学生的兴趣相一致是张煦侯的一贯主张。他认为学术文章虽然利于拓宽学生视野，培养深思的习惯，但“材料过于实在”，而“青年理智不若情感之丰富，学习心理殊病扞格”。长期讲授这类内容，学生必然不感兴趣，必然背离初衷，事倍功半。

在《高中三年级教材补充问题》一文中，张煦侯对当时整理国故——“去平易之作，而令其日与高文典册为缘”使学生感到“相悬过远”的做法提出了质疑，认为方今“时事日亟，有用青年，岂宜令其闭门学文？”“时事日亟”四字可见他面对国难当头的焦灼感，国文教学不能脱离社会现实，“闭门学文”，教育学生要胸怀天下，心系苍生，成为“有用青年”。那么，教材的作用就不能囿于教给孩子作文技法，而是有助于学生打开视野，能够发表个人言论，以求“文体之解放，以适合今日之所需”。张煦侯认为教材编写要贴近学生实际生活，富有时代感，不能与学生产生心理隔膜，使语文成为了解时事、解决现实问题的工具。

张煦侯认为在抗战时期，语文教材要体现语文特质与现实性的统一。在《非常时期之国文教学》一文中，他提出“居今之世，欲令青年内坚品操，外明耻辱，并通晓国际大势，熟习本国文化，以养成未来之民族英雄”，就必须编撰非常时期课外读物。但是，这种补充教材应该“不失国文风味”，不能因为国难当头，就“简质如账簿，枯燥如统计表，通套如例行之演说词”，也就是要有文采、有韵味、有行文之美。这种思想已经暗合了新课程提出的工具性与人文性相融合的理念。

1938 年扬州中学一部分师生转移到上海，成立“江苏省立扬州中学(沪校)”。由于整个社会动荡不安，许多学校教研停滞不前。但是，“扬中沪校”的于在春先生探索出一套“集体写作”，在语文教育史上产生很大影响。于先生发现当时教学中学生读文言，写作却用白话，读写之间的链条断裂，致使学生言之无物。同时，班级授课制导致教师无法对篇篇习作个别辅导、面对面订正修改，学生精力分散到几门学科，语文学习时间减少，于是探索出一套“集体习作”以化解现代教育制度与作文教学个性化之间矛盾的途径。

“集体习作”就是让全班学生在教师引导下，一步步共同商讨，完成一篇作文。曾先后在扬中沪校和中国新闻专校试行。其步骤为：第一步是“命题”，即圈定选材范围，使学生有的放矢。第二步是搜集材料，根据题目，由学生书面提交自己准备采用的素材。第三步是整理材料，教师引导学生将全班材料归类。第四步是评议，在课上集体商讨，把学生们提出的“题材”或“题义”逐条评议。第五步是选择主题，在学生上一步充分评议材料的基础上，通过口头商讨的办法选择更精彩的主题。第六步是材料的排列，先由学生个别的去考虑，再用书面提出他认为最好的排列方式。第七步是确定大纲，参照排列方式的书面报告，在教室里商讨一个具体的大纲，留做文字商讨的根据。最后一步最为繁琐的就是文字形式的商讨，从选用词语到构造章句，都在共同工作下经过提出、批评和修改，最后才决定。而翻译的实践则是在共同探讨得出原文的总体风格、语言特点后，先由学生自由翻译，再逐句一起评析商议确定最后的文字。

于在春的“集体习作”实践的意义主要体现在两个方面：一是提出并实践了“技术第一”的主张，即语文教学不能仅是灌输概念原理，更要暗示实例，标明优缺点。这实际上是认识到，提高语文能力不能只靠陈述性知识，还要靠程序性知识，即在“做中学”的知识。二是试图打破文白界限。当时学生读的是文言，写作时却用白话文，学用脱离。

二、语文教育的改革创新阶段：关注人的发展，注重科学人文相融合

郑国民等在《当代语文教育论争》中认为，新中国成立以来关于当代语文教育文道关系的演变经历了“构建公共话语模式”（1949—1966），“力倡文道统一”（1978—1991），“凸显工具理性”（1992—2000），“融会于主体精神”（2001—　）[7] 四个阶段。解放之后，在扬州中学出现的五位语文名家中，胡乔木活跃于“构建公共话语模式”时期；郑万忠活跃于“力倡文道统一”和“凸显工具理性”两个阶段；黄正瑶、蒋念祖、方钧鹤的事业顶峰都出现在“凸显工具理性”和“融会于主体精神”两个时期。

解放前扬州中学的一线教师的研究重点在“教什么”、“如何教”等“问题解决”的层面。解放后，扬中的语文名师们开始主动探索教育规律，把研究重点放在“为什么而教”，“怎样教更合理”的价值引领层面。

胡乔木是扬州中学杰出校友，深受扬州中学语文教育的影响。他虽未当过语文教师，但长期作为新中国文化教育事业的领导者，广泛参与语文教育教学改革，在语文教育史和扬中教育史上的地位不容忽视。解放前，胡乔木在陕甘宁边区主持编写了《中等国文》，并写了一篇《本书的七点说明》（以下简称《说明》），其中有一是“凡应用语文（包括一切说、写、读）的地方都是学习国文的地方”；二是“国文也是一门科学”。课文内容要着眼于“语文规律的价值”，“同时着眼于政治的价值与一般知识的价值”。

在1951年3月举行的第一次全国中等教育会议上，胡乔木指出：语文教学“内容包括文学和语言两个部分，二者所担负的任务不同，所以不能互相代替”。1953年5月，毛泽东明确指示：语言和文学可以分科教学，并指定胡乔木负责建立一个组织来领导相关指示的落实。

胡乔木还参与了规范祖国的语言文字、汉字简化、制定和推行《汉语拼音方案》、推广普通话等与语文相关的大事。可以说，在“构建公共话语模式”阶段，胡乔木在政策层面发挥了重要作用，为中国的语文建设事业作出了卓越贡献。

王松泉把1958—1978年称为语文教育的波折期，这一时期的基本轨迹是：偏离方向——积极调整——再遭劫难——拨乱反正。[8]由于政策变动频繁，教师难以埋头教研，这一段时间扬州中学未出现名师大家。改革开放之后，全国范围内掀起了语文教学改革的高潮，扬州中学的语文教学迎来了第二个春天。

“20世纪八九十年代语文教育偏重学生在智育方面的发展，重视学生的逻辑思维和实用能力，忽视学生德育以及美育的培养，在实际教学过程中忽略或排斥主观的情感意志以及兴趣等非智力因素的养成。”[7]当时，教育的大形势强调语文教学目标的精确化、教学内容知识点的序列化、教学训练的机械化、过程的程序化、教学评价的标准化，语文教学科学主义倾向最典型的例子是魏书生的“语文知识树”。科学主义固然有助于学科知识的建构，但是如果忽视了学生活生生的个性和独特的生命体验，语文就失去魅力，甚至生命力。全社会对工具理性的推崇，加之应试教育的推波助澜，语文教育界片面强调工具性，“双基”（基础知识、基本能力）被摆在首要位置，语文学科的人文价值和人文底蕴严重缺失。在这种背景下，扬州中学一些语文老师不俯时流，努力探索有利于培养学生健全人格的课堂教学。郑万钟、黄正瑶、蒋念祖、方钧鹤在这一时期做了突出贡献。他们在立足学科特质和关注学情共性中，各有专长，和而不同，构建了自己的语文教学理论。郑万忠针砭时弊，从人文角度呼唤课堂要激发学生活力；黄正瑶灵感、审美、创新深入语文课堂本质等角度对机械工具论盛行的课堂予以猛烈的抨击；蒋念祖立足于世界发展，站在时代需要什么人高度，以“科学与人文相融合”的语文教育主张，来纠正片面重视工具理性之偏；方钧鹤则主动吸收西方后现代课程教学论思想，构建关怀生命、平等对话的课堂模式。他们殊途同归，把研究的焦点都集中放在“解决应试背景下如何抓住学科本质，培养健全人格”这一核心问题。

郑万钟呼吁，语文教育的前提是把学生作为一个具有独立人格的“人”去对待，他一直强调将学生视为言语活动的实践者、平等交流的对话者，把唤醒和润泽生命当作语文教育的出发点和归宿，注重点燃学生生命之火、拨动学生心灵琴弦。他把语文课分为“三品”：只在认知方面让学生得到发展的课，属“下品”；注重学生智力与能力的发展的课属于“中品”；师生能够焕发生命的活力，共同感觉生命的涌动和成长的课堂属于“上品”。这篇《课之三品》写于科学主义风头正健的1998年，可谓切中时弊。17年过去了，其中的先进理念仍值得我们深思和借鉴。

20世纪80年代，黄正瑶意识到“语文教学不仅需要严密的逻辑推理，更需要形象思维能力和灵感思维能力”。基于此在阅读教学中，注意采用各种方式诱导学生，激活灵感。在作文教学中，他在训练学生理性思维来提高其文章的立意水平的同时，还通过联想和想象等形象思维训练来丰富文章的形象，通过激活学生的灵感使学生写出新意。

面对工具论的大行其道，黄正瑶认为，工具性与人文性的统一是语文课程的基本特点，提高学生的审美能力是语文学科人文性的体现，审美带有很强的个体差异性，要培养审美能力，就要尊重学生的主体地位，鼓励对文本的多元解读、个性解读。但多元解读、个性解读并不是对教学放任自流，而是需要教师积极关注课堂，发现问题，顺势引导，促成学生审美能力的飞跃。1995年，蒋念祖、黄正瑶等一批扬州中学语文教师参加了人教社组织的重点中学语文实验教材教学实验。实验教材《文学读本》提出了对文学作品要参读、美读、议读、比读、写读的要求，在此基础上，他们又结合自己的实践，提出了创设情境法、想象联想法、感觉沟通法、情感体验法、迁移拓展法等提高审美能力和审美品质的教学方法。

黄正瑶认为，探究性学习能够促进学生创新意识的形成，但语文的探究性学习活动必须有语文学科的特点，即有“语文味”，缺乏“语文味”的探究不是语文教学活动。他认为创新意识的培养还要借助于作文教学。在创作方法上，他认为关起门来谈创新意识和创新能力的培养，无异于缘木求鱼，应该让学生在实践中强化创新意识。2000年，教育部在普通高中开设了“研究性学习”课程，他意识到“研究性学习”是学生学习方法的一次重要变革，对学生创新意识的培养有极大帮助。他申报了省"十五"规划课题,在研究性学习的组织管理、选题指导、方法指导等方面积极探索,并在实践中结合语文教学引导学生进行小课题研究,取得了丰硕成果。

语言、思维、审美、创新,是黄正瑶老师中学语文教学研究与实践的四个重要阶段。前两个阶段强调语文能力,后两个阶段重视语文素养。语文教育要始于语言文字,但不能止于语言文字,要引导学生在学习语言文字过程中,提高自己的思维能力、审美能力和创新意识。当然,在具体的教学中应有所侧重、突出重点,只有这样,语文教学才能健康地发展。

与黄正瑶从深度上思考问题不同,蒋念祖善于从语文教学外延的广度上分析问题。在科学主义风行之时,蒋念祖开始关注如何把学生培养成完整的人,在语文教学中如何将科学教育与人文教育结合起来。他涉及的科学与人文两个课题,一个是思维,与认知智能、科学精神有关;一个是审美,与情感人格、人文精神相关,恰恰是矛盾的两个方面。在这两大思潮的中间地带,他力求融通综合,开拓出新的天地,以发起承担教育部"十五重点课题——科学人文相互融合的学科教育"为起点,对于"科学人文相互融合的语文教育"的内涵、特征、意义以及实施的途径、方法作了不懈的探索。管窥蒋念祖的教学实践和研究实践,其教育思想可凝练为:注重思维教育和审美教育,以兴趣情境为引导,设计问题互动探索,全面培养学生的语文素养,充分体现语文教育的综合性和开放性,努力实现语文教育的理论创新。

思维教学研究。蒋念祖特别强调语言与思维同步发展。结合语文教学实践,他撰写了《给学生以解剖刀》《思维科学理论指导下的语文教学》《思维科学理论指导下的语文阅读教学》《高中论说文写作与思维训练》等一系列思维教学研究论著,将国内外语言思维训练的理论成果应用于语文教学,具有开创意义。1995年,蒋念祖和同事们以教育部重点课题"系统开展学科思维教学"为抓手,深入研究在阅读教学中发展学生的思维能力的途径。得出结论:思维训练必须明确思维目的,获取思维材料,掌握思维方法,富有思维兴趣;注意培养学生的"反思"能力,提高思维品质,优化思维结构,蒋念祖将这些研究成果转化为教学实践,效果显著。

审美教育研究。美育的根本宗旨是培育学生的人格和心灵,从培养学生健全人格的高度，深入进行美育研究。自1989年起，蒋念祖在《江苏教育》上发表了《论说文阅读教学中的审美教育》《美学美育与中学教学系列讲座》等系列文章，在《扬州师范学院学报》发表了《叶圣陶语文教学论中的美育思想》。2000年，蒋念祖应邀主持编写并由东北师范大学出版社出版的《中学生语文素养与美育丛书》(28册)和《中小学教师继续教育丛书美育系列》(5册)。2001年参加《国家九年义务教育艺术课程标准》的研制、编写与阐释，撰写《九年义务教育艺术课程标准解读》，主编《戏剧读本》。

科学与人文相融合的语文教育。二十年来，蒋念祖坚持不懈地研究、实施的思维教学和审美教育，恰好涉及知识能力和情感人格两个方面。而这两者的融合，恰好与当今世界科学、人文两大思潮，西方、东方两种文化的相互融合的大趋势一致。以此审视中学语文教学界长期以来关于工具性与人文性之争，觉得这正是科学主义、人文主义两股思潮的分化、融合在中学语文教学界的反映。为此，蒋念祖陆续撰文阐述、倡导科学与人文相互融合的语文教育思想。

蒋念祖认为，科学人文相互融合的语文教育，其目标就是培养语言能力及其学力与人格、知识、技能、能力与兴趣、动机、态度等同步发展、全面发展的人才。这就必须既注重科学素质、科学精神、科学思维方式的培养，又注重人文素质、艺术修养、审美趣味、超越精神、健康人格的培养。绝非仅仅关乎“工具论”“人文论”两种语文教育观之间的论争，而是关系到顺应世界潮流、培养世纪新人的重大问题。

为将科学人文相融合的语文教育落到实处，蒋念祖做了三项工作。一是编写体现“科学人文相互融合”理念的语文教材。蒋念祖认为，体现这一理念语文教材必须具备如下特点：体现语文知识能力与科学人文素养并重的思想；话题和选文体现科学和社科、文艺并重，以纠正教材中均有忽视科技文、实用文之偏；学习活动的设计，积累感悟和实践练习并重，实用、探究和审美欣赏并重。二是实施“科学人文相互融合”的课堂教学。他认为，既要注重知识能力培养又要注重情感人格发展；既要注重感悟体验，又要注重理性思考；切入点是语文教学的本根——语言(听说读写的能力与兴趣)；真正着眼于培养发展学生的主体意识，发挥学生的主体作用，反对弄虚作假，让学生做傀儡、玩偶。三是开设体现上述特色的必选课程。近年来扬州中学为学生开设科学人文系列讲座(包括中西方文化、哲学、心理学、伦理学、美学等),将“知”与“行”紧密结合起来,将德育、智育、美育、心育与语文教育活动紧密结合起来。

思维教学、审美教育、科学人文相互融合的语文教育,这“三部曲”正体现了“正—反—合”的辩证逻辑。科学人文相互融合的语文教育,是在语文教学中实施思维教学、审美教育这两个课题合乎逻辑的发展。当今世界,需要的是综合性人才,需要的是综合性课程、创新性课程;语文教育培养学生的语文素养,从目标到方法都含有“综合”的意思。因此,蒋念祖的语文教育主张是符合世界发展的。

黄正瑶的研究重点是在语文教学中学生综合思维能力的提高,蒋念祖是关于语文教学与健全人格关系的研究,稍后的方钧鹤的研究重点则放在新课程背景下语文课堂教学模式构建上。方钧鹤积极吸收后现代课程论的精华,关照当下的语文教学,强调学习者的自我意识和创造性,并通过回归心智,反思自我的方式真正去创造有意识的自我,弘扬整体观和联系观。他认为,“语文是一门以科学性和人文性相融合为特征的、以促进人的生命发展为核心的学科。语文教学的过程就是唤醒学生的生命意识,促进学生的生命发展的过程。语文教师,要做生命发展的自觉者,做学生生命发展的促进者”。[9]

方钧鹤的“生命发展”说侧重从生命发展的角度阐述语文教育的意义。之后他围绕中学语文课堂教学作了许多卓有成效地探索,“中学全方位美育”试验即是其一。“我们在中学阶段就重视美育,通过审美教育扩大和加深对现实生活的认识,发展美感,具有分清美丑、辨别善恶的审美能力,提高欣赏自然美和艺术美的水平,培养美的心灵,陶冶高尚的情操,提高精神境界,培养观察能力、想象力和创造力。”[10]

教学相长,语文教育促进师生生命的共同发展。新课程改革以来,课堂教学讲究的是“平等”对话。课堂教学应该在一种包容、开放的环境中和谐地前进着。但是,当下的课堂往往把交流对话当作是一种表演形式,课堂讨论非常热闹,但热闹过后,归于沉寂。针对此,方钧鹤认为,有效的交流对话是语文教学的主要形式。教师通过积极引导、及时启发、适当点评，去激发学生关注、思考、讨论、质疑，而学生的发言有时又会引发老师的反思。如今的语文课堂，老师都有采用交流对话的意识，因此，交流未必“热闹”，重在“参与”。[11]交流也并非要最终达成统一的认识。“真正的交流，应尊重交流者相对独立的价值取向和认知经验。”[11]对话包括生生对话和师生对话两种形式。

展露和校正是语文教学的重要方法。展露就是要求课堂情境中的师生展露自己的思维过程。面对一篇文本，语文教师应该不借助任何的参考资料，自己独立去阅读、发现、思考。在课堂教学过程中，可以适当展露自己的阅读过程、思考过程，进而使学生得到借鉴和启发。“教师独立的感悟本身就是最好的教学资源。”[9]校正就是在教学过程中，对学生的认知进行校正。但是绝对不能机械校正，生拉硬扯地把学生的认知拽到所谓的标准答案上来。这样的校正，是一种扼杀。在校正过程中，要遵循因材施教的原则，维护学生的自尊，鼓励学生的积极性，适当地引导、启发，让学生自己认识到问题所在，自己再去深入探究。正确的校正，“可以促使学生成长为充满生命活力、具有健全人格和鲜明个性、掌握智慧创造未来的人”。[12]

纵观百年语文教育史和扬州中学历史上十位语文名师的教育主张，他们在变化中坚守，在传承中发展。我们可以梳理出如下规律：

第一、国家的教育政策决定了语文教育的大方向，但不够具体，或是因为过于考虑政治需要忽视了语文的特质，或是因为过于宏观，在具体执行中产生误差。因此，在语文教育中，语文教师的主观能动性非常重要。扬州中学十位名师，在执行各个时期的课程标准过程中，始终保持自己独立的思考，不盲目，不跟风。

第二、扬州中学的十位语文名家，总是从学科特质和学情视角来关照语文教学，只唯实，不唯上。虽然因时代变迁、兴趣各异、专长不同，但是在论文论著、教材编写、实际教学中都围绕着科学与人文相融合的育人目标。

第三、按照新中国成立前后将十位语文名家分为两组，我们会发现：新中国成立前的老师很少用学理逻辑来分析问题，多是凭个人经验解决实践问题；新中国成立后特别是改革开放之后的语文老师多是把相关学科的研究成果与语文教学相结合，探索语文教学的可能方向，即“应该怎样”。这体现了在教育政策的制定中一线名师的话语权不断提升。

通过梳理百年语文教育政策、理论与十位语文名师的主张之间的联系，我们发现：语文教育专家作为理念的引领者、课程标准的制定者往往从宏观角度关照教学，而对教学各个环节的丰富性与复杂性缺少切身体验。面对新政策、新理念，一线教师不应盲目跟风，要理解其本义和产生的背景，从学科本质和学情视角审视其可行性，落实过程中要因地制宜、循序渐进、适当变通。扬州中学的十位语文名师，因时而变，变中有常，培育了一大批科学与人文相融合的社会栋梁，也为语文教育留下了宝贵的思想财富。

参考文献

[1] 顾黄初，李杏保. 二十世纪前期中国语文教育论集[C]. 成都：四川教育出版社，1991：4-11.
[2] 顾黄初，李杏保. 二十世纪后期中国语文教育论集[C]. 成都：四川教育出版社，2000：2-8.
[3] 王松泉，王柏勋，王静义. 中国语文教育史简编[M]. 北京：社会科学文献出版社，2002：174-175.
[4] 朱自清. 中等学校语文教学的几个问题[J]//顾黄初，李杏保. 二十世纪前期中国语文教育论集. 成都：四川教育出版社，1991：358.
[5] 孙建明. 我国百年语文教学革新嬗变及其特点[J]. 湖州师范学院学报，2008(12).
[6] 赵志伟. 现代语文教育发展[M]. 上海：华东师范大学出版社，2012：43.
[7] 郑国民. 当代语文教育论争[M]. 广州：广东教育出版社，2006：1-62，209.
[8] 王松泉. 中国语文教育史简编[M]. 北京：社会科学文献出版社，2002：231.
[9] 方钧鹤. 语文，指向生命发展内核的学科[J]//丁帆. 著名特级教师教学思想录：中学语文卷[C]. 南京：江苏教育出版社，2012：219，224.
[10] 方钧鹤. 中学美育简论[M]. 桂林：广西师范大学出版社，1999：3.
[11] 吴高扬. 交流，促进生命发展的重要手段[J]. 中学语文教学，2011(5).
[12] 于扬. 矫正，也是一种生命关怀[J]. 中学语文教学，2011(5).

塑造人格　接续传统

——朱自清语文教育思想研究

王舒成

朱自清(1898—1948),是现代著名的诗人和散文家,也是一名躬耕于讲坛的语文教育家。祖籍浙江绍兴。六岁时(1903)随父亲赴扬州任职而居住于扬州,一直到考入北京大学预科(1916),朱自清在扬州共居住十三年,度过了童年和青少年时光。启蒙至小学阶段,朱自清跟随父母读书,上私塾,并从扬州名师李佑青和戴子秋学习古文。高等小学毕业后,朱自清考入江苏省两淮中学堂(后改名为江苏省立第八中学,也就是今天的扬州中学),三年后以优异成绩毕业,荣获学校品学兼优奖状。据他的级任老师李方漠先生回忆,朱自清"在那时喜看说部书,便自命为文学家",学习刻苦勤奋,所以校方将奖状给了朱自清,这是对他学业、人格的褒扬。扬州十几年的小学与中学生活,给朱自清的印象是直接而持久的。扬州对于朱自清不仅有着儿时生活经历的亲切关系,而且更有着性格人品的潜在影响。

朱自清自1920年在北京大学哲学系毕业以后,直到1925年暑假,曾先后在杭州第一师范(1920)、扬州第八中学(1921)、吴淞中国公学(1921)、台州浙江第六师范(1922)、温州浙江第十中学(1923)、宁波浙江第四中学(1924)、浙江白马湖春晖中学(1924—1925)等校从事中学国文教学工作长达五年之久。在这从教的五年间，朱自清不但与同事舒新城、俞平伯、夏丏尊、叶圣陶等人切磋语文教育问题，而且广泛研读国内学者的相关论著。1925年，他发表了第一篇语文教育研究论文《中等学校国文教学的几个问题》，对中学国文教育的问题作了系统的总结。

1925年暑假以后，朱自清赴北京任清华大学中文系教授，开始了他从事大学国文系教学和科学研究的岁月。初进清华园，他除了开设"古今诗选""中国新文学研究""歌谣"等专门课程外，还主讲"普通国文"；即使是后来担任了国文系主任，他仍然亲自担任"大一国文"课程。由于长期主讲"大一国文"，他对中小学生的国文程度和中小学的国文教学备加关注。在抗日战争时期，他在后方西南联大师范部国文系主持教务，倡议创办《国文月刊》，为研究中等学校的语文教育开辟了一个阵地。他曾与叶圣陶合著《国文教学》《精读指导举隅》《略读指导举隅》，又为开明书店编纂国文教科书，为改进中学国文的教材教法作出了贡献。

1948年,贫病交困的朱自清已经耗尽了全部精力,却还在为中学的师生演讲,为开明的国文教本作选注。即便是病危住院期间,他仍在关心研究试卷和考生的语文水平。[1, 2]

在二十多年间,朱自清关心语文教育,矢志不渝。他针对大学、中学、小学的语文教育撰写了大量的研究论文,发表过许多精辟独到的见解。阅读和整理这些语文教育领域的宝贵遗产,对于语文教育工作者积累教学经验、提高自身素养和思考语文教育未来发展之路都大有裨益。

一、人格教育观一以贯之

早在1921年,朱自清在自己的母校江苏省立第八中学(即后来的扬州中学)任教务主任时,写下一首校歌,其中最重要的八个字,是"人格健全,学术健全"。[3]1924年,朱自清发表杂感《教育的信仰》,文中明确指出:"教育的价值是在培养健全的人格"。[4]所谓"健全的人格",在朱自清看来,就是"'为学'与'做人',应当并重,如人的两足应当一样长一般"。但当时的教育者"却因为求功利的缘故,太重视学业这一面了,便忽略了那一面;于是便成了跛的教育了","跛的教育是不能远行的,正如跛的人不能远行一样"。[4]

"健全的人格"的提出,可以看作是朱自清语文教育思想的一个原点的建立。围绕此,他对当时的国文教育提出了如下看法。

首先,对于国文教学的目的,朱自清认为应该知识和人格并举。

他明确指出:"我以为中学国文教学的目的只须这样说明:①养成读书思想和表现的习惯或能力;②发展思想,涵育情感。"朱自清把国文教学的目的分为了两个部分,这两个部分又是怎样的关系呢?朱自清解释说:"这两个目的之中,后者是与他科相共的,前者才是国文科所特有的;而在分科的原则上说,前者是主要的;换句话说,我们在实施时,这两个目的是不应分离的,且不应分轻重的,但在论理上,我们须认前者为主要的。"[5]

可以看出,朱自清在厘定语文学科的教学目的时,在不忽视学科本身所需要的知识和能力的同时,也强调了语文学科对培养学生人格的重要性。

其次,从具体的教学方法的角度来说,他强调国文科应该以"训育"为中心。朱自清深感国文教学仅是"知的教育",其苦痛在于"教师若只是贩卖知识，绝不能做出好事！”因此，学生“终于得不着自己的知识！”朱自清称之为“教而不育”。从而，朱自清指出论国文教学要从训育下手。朱自清说：“就说国文教学吧：你上课时，个个学生是注意听讲么？有人谈话么？有人在桌子底下偷看别的书么？最要紧的，你能断定没有一个人想着别的事么？——今日讲的，他们曾如你所嘱地预习过了么？昨日讲的，他们上自修班时曾复习过了么？这些固然要看你的教法如何，但更要看你的人格影响如何，更要看你的校长和同事们的人格影响如何；换言之，你们平日怎样实施你们的教育宗旨，怎样实施训育，上课时便是怎样的气象。平日不去指导学生的言行，要在区区上课的几小时内，使他们顿然改过迁善，这除非是奇迹！”[5]

“训”的原意是“教导、教诲”，朱自清提出的“训育”概念，强调的是在知识传授之后，对学生行为的教导和人格的构建。值得注意的是，他的训育观不仅关注语文课的教学效果和学生的人格建设，也对教育者本身的人格提出了要求，指出教育者自身的人格对学生的行为有着莫大的影响。

再次，从语文教育内容的角度来看，朱自清认为重视文艺教育，才能帮助学生发展完美人格。他在《中学生与文艺》一文中指出：“文艺增进对于人生的理解，指示人生的道路，教读者渐渐悟得做人的道理。这就是教育上的价值。文艺又是精选的语言，读者可以学习怎样运用语言来表现和批评人生。国文科是语文教学，目的在培养和增进了解、欣赏与表现的能力，文艺是主要的教材。”他十分重视诗歌教学，认为“诗里含着高尚的感情”，它往往能够“暗示人生”，具有深刻的“言外之意”，吟诵优秀的古今诗篇，人的精神世界可以得到美化和净化。

朱自清的语文教育思想之所以以人格教育观为中心，有如下几点原因。

第一，20 世纪初整体的教育环境。

新文化运动以降，“民主与科学”是教育改革的根本原则，重视科学、注重启和发展个性的新型教育伦理在社会上被大力提倡和推行。比如 1919 年 4 月教育部“教育调查会”拟定了“养成健全人格，发展共和精神”的新宗旨；1922 年 11 月北京政府正式公布《学校系统改革案》，提出七项标准的“教育本义”，其核心正是“养成健全人格，发展共和精神”，它包含了德、智、体、美、群五育的思想。在如此社会背景下，朱自清接受并形成自己的“人格教育观”,可以说是其来有自。

此外,朱自清就读的北京大学和他曾经任教的几个中学对他都产生了影响。朱自清在北京大学求学期间,适逢蔡元培任北大校长,他在 1920 年 12 月发表演讲《普通教育与职业教育》,明确提出了实施体、智、德、美四育,以“养成健全人格”的普通教育宗旨。朱自清在江苏省立第八中学任教时期(1921),正是八中提倡文理兼重以让学生全面发展的时期。朱自清在宁波上虞县白马湖私立春晖中学任教期间(1924),校长经亨颐提倡德、智、体、美、群、劳六育全面发展的教育思想,同事夏丏尊提倡“人格感化”教育思想,同事匡互生、丰子恺、朱光潜与之切磋琢磨,这些,都为朱自清“人格教育观”的形成起到了推动作用。

第二,朱自清本人长年的教育实践。

朱自清以人格教育观为中心的语文教育思想,是对自己长年以来教学实践活动的一个总结。有论者总结讲台上的朱自清形象,指出他有如下特点,包括“他能虚心听取学生意见、反躬自省、勤奋好学”,“讲究教育方法,实践教学民主”,“温和的态度和平等的方式”,“教学特别认真负责”,“体现了现代的教学民主和培养学生独立思考及健全人格的思想”。[6]而这些,无不说明朱自清本人是勤恳躬耕于杏坛的至诚君子,他在教育实践中不断提升自己的修养,并以自身的人格魅力影响着学生。人格教育观的形成,无疑也来自于自身的实际教学过程。

第三,语文学科自身的特点。

相比于其他科学性的学科,语文学科更有利于师生双方向着“健全人格”的目标进发。从历史的角度看,中国自古以来,儒家就有“诗教”的传统,主张通过文学作品(诗歌)本身的陶染(“诗可以兴,可以观,可以群,可以怨”)来培养和塑造人;从审美心理的角度看,语文学科里所涉及大量的文学作品,在阅读过程中可以给读者以心灵的净化和人格的升华。与其说,作为语文教师的朱自清树立了人格教育观,倒不如说,是他发现了语文学科教育中早就蕴含的这种可能性并发扬之。

二、知识训练细致缜密

当然,我们也不能忽略朱自清在语文教学的过程中,亦很重视语文教育中的技术训练，这是属于语文教学知识和技能层面的内容。以下从课堂教学法和阅读鉴赏方法这两个层面来说。

在教学法层面，朱自清创制了自己的“五步教学法”：①课前学生预习；②课上学生报告预习结果；③令学生分述各段大意及全篇大意；④师生共同研究篇中的情思与文笔；⑤一篇教完，行口问或笔试。在四十年代，他把这一模式简化为三步，即预习、讨论、复习。在“讨论”这个环节中，他认为教师的工作大致有三个方面：一是帮助学生解决已经发现却不能自行解决的问题；二是提供学生所没有注意到的重要问题，引起讨论；三是提出可资比较的材料，引起讨论的兴趣，推动讨论的深入。

这五步法并非完全由朱自清原创。20 世纪 20 年代前后，外国教育新思潮传入中国，赫尔巴特根据心理学原理提出了教学形式四阶段的理论（明了、联想、系统、方法），他的学生赖恩等加以发展，将四阶段改为五段式（预习、提示、比较、概括、应用），这种教学方案引入我国后，教育界人士纷纷推荐与效法，不少第一线教师对这样的方案进行了改良和优化[7]，朱自清的“五步教学法”就是后者的代表。这种教学法的创制，提供了一种可供推行的教学模式，也在教学内容的甄别和数量上作了规限，这些都有利于语文教学向着科学化和数量化的方向发展，对我国传统语文教育的那种口耳相传、模糊领悟的模式是一种反拨和有效的补充。

在对学生的文学欣赏能力的培养方面，朱自清超越了中国传统诗学中以个人感悟为主的审美方式，转向更为精细的技术性分析。他说：“欣赏并不是给课文加上‘好’‘美’‘雅’‘神妙’‘精致’‘豪放’‘婉约’‘温柔敦厚’‘典丽矞皇’一类抽象的、多义的评语，就算数的；得从词汇和比喻的选择，章句和全篇的组织，以及作者着意和用力的地方，找出那创新的或变古的，独特的东西，去体会，去领会，才是切实的受用。”他主张“欣赏在透彻的了解里”，指出“欣赏得从辨别入手，辨别词义，句式，条理，体裁，都是基本。囫囵吞枣的欣赏只是糊涂的爱好，没有什么益处。”[8]

我们知道，中国传统文论中的鉴赏，一般是体悟式、点评式的，个人主观色彩浓厚，表意模糊，很少有基于逻辑和理论的分析；而朱自清在这方面的主张，体现出当时语文教学走向逻辑化和科学化的开始。他反对学生读文学作品抱着“好读书不求甚解”的态度，例如在谈诗歌欣赏时说：“诗是精粹的语言。因为是‘精粹的’便比散文需要更多的思索，更多的吟味；许多人觉得诗难懂，便是为此。但诗究竟是‘语言’，并没有真的神秘；语言，包括说的和写的，是可以分析的；诗也是可以分析的。只有分析，才可以得到透彻的了解；散文如此，诗也如此。”朱自清认为语文教育不能如一般性的文学批评：“文艺教学是语文教学的一部门，并且是主要的一部门，因为文艺是语文教学的主要教材。因为是语文教学的一部门，所以文艺教学应该注重词句段落的组织和安排，意义的分析；单照概括的文艺原理或批评原理来讲论作品的大意，是不够的。文艺教学跟文艺批评不尽同，教学不该放松字句。”[9]基于这样的观点，朱自清认为，在具体的语文教学中，教师的“讲解”如果用力在语言文字的分析咀嚼上，那就不该反对；同时，学生还应该接受充分的训练：“多讲闲话少讲课文的教师，固然不称职；就是孜孜兀兀地预备课文，详详细细地演释课文的，也还不算好教师。中学生需要充分的练习。”[8]

如此细致缜密的要求，与朱自清早年在英国专修过语言学有关系。他认为时代处于向现代化迈进的过程中，“现代化的语言是比旧文言旧白话复杂得多，精密得多”。这种精密体现了分析的精神。[10]也就是说，朱自清在设计教法和教授文学鉴赏方法时，正是中国语文处于迈向现代化的进程中。因而，科学的方法、现代化工具的引入，也在情理之中。

此外，20世纪二三十年代，西学东渐，除了新文化运动主将倡导的“德”“赛”二先生之外，各种美学、文学理论和教育理论也被引入中国，成为当时的教育工作者手中新颖而独特的武器。综观朱自清先生的语文教育，其对文学鉴赏教学的主张，也未尝不受当时新批评文学理论之细读文本的影响；其对文艺教育熏陶人格的功用，未尝不受当时美育主义教育原则的影响（他自己曾为朱光潜的《谈美》、《文艺心理学》写绪言）。在传统的语文教育重感悟、重感性、重熏陶的背景下，朱自清又能对现代语文教育作适当的探索和改进，引入了科学主义的思想，使得他的语文教育活动同样具有理性的光辉。

三、接续传统之教育方式

朱自清的语文教育思想，其重要的一面，就是对古典文学、文化和传统教育方式的承继。这主要表现在如下两个方面：

重视传统的文言文教学和吟诵教学。朱自清认为，在现代生活中，中学生仍然应该学习文言文。他说："由于文言文在日常应用上渐渐的失去效用，我们对于过去用文言文写的典籍，便漠不关心，这是错误的思想。因为对于我们过去的典籍，我们阅读它，研究它，可以得到古代的学术思想，了解古代的生活状况，这便是中国人对于中国历史认识的任务"。[11]所以他主张："中学生应该诵读相当分量的文言文，特别是所谓古文，乃至古书。这是古典的训练，文化的教育。一个受教育的中国人，至少必得经过这种古典的训练，才成其为一个受教育的中国人。"这是从文化传承的层面指明了文言文阅读在现代人生活中的意义。

新文化运动以降，传统的语文教学手段——"吟诵"[12]受到冷落，许多新派人士嘲笑吟诵者那种摇头摆尾的姿态，认为这是一种过时的教学方式。朱自清则认为"这也是教学上的一个大损失"，因为"古文和旧诗、词都不是自然的语言，非看不能知道它们的意义，非吟不能体会它们的口气——不像白话诗文有时只听人家读或说就能了解欣赏，用不着看。'吟'好像电影里的'慢镜头'，将那些不自然的语言的口气慢慢显示出来，让人们好捉摸着"。[13]此外，朱自清认为桐城派的"因声求气说"有一定的道理，因此，中学生为了透彻了解和欣赏古文，还是应该学会"吟"。

吟诵教学对于中学生领略古诗文的声调、用字、句法、章法都是非常有用的，朱自清充分认识到了这一点，在语文的教学当中，他不仅提倡吟诵，还提倡由此演化而来的朗读。他说："读注重意义，注重清楚，要如朱子所谓'舒缓不迫，字字分明'。不管文言、白话，都用差不多的腔调。这里面也有抑扬顿挫，也有口气，但不显著，每字都该给予相当分量，不宜滑过去。整个的效果是郑重，是平静。"这种读法建议，完全是从古人的吟诵法脱化而来。[13]

重视传统经典的介绍。新文化运动和五四运动的一个重要标志，就是反对文言文的学习，转而提倡白话文的推行。对于古代经典的学习，是当时教育界反复争论的热门话题。朱自清自己在四十年代撰写了《经典常谈》，从《说文解字》开始，面向中学生介绍中国古代的十三部经典。朱自清认为对于青年学生来说，经典的阅读和训练是必须的，有助于他们知识结构的健全，亦有助于古代文化的传承。

作为一个白话文写作和教学的努力践行者，朱自清却非常重视古代经典作品的介绍和传统吟诵方法的继承使用。其原因和意义可作如下概括：

首先，虽然传统文化、文学的发展在新文化运动以后呈现出式微之势，但儒家经典教育的内容和践行仍在相当长的时间里有着广泛的影响，传统文化和新文化之间的交锋和论争也一直没有停止（如《学衡》杂志的创办）。从个人学养的角度来看。在十五岁之前，朱自清一直在私塾读书，从小接受的是中国传统经典的教育，感受的是传统的教育方式。作为古典文学造诣颇深的学者，朱自清在古典文化的承继方面，态度并不偏激，反而能将古人的多种学习方式（如吟诵）融入现代语文教学中去，他的种种努力体现了那个时代学人对传统文化的尊重和热爱，也彰显了一个国家文化和文明传承的普遍意义。

其次，从语文学科自身的特点来看，经典阅读是任何国家母语学习最重要的一环。新文化—五四运动后来被人批评较多的一点就是不公正地对待中国传统文化："他们（五四时期知识分子）把科学看成了宗教，对之产生了迷信，这种科学迷式的科学主义是很不科学的。最糟糕的是，许多五四人物为了提倡自由、科学与民主，认为非全盘而彻底地把中国传统打倒不可。"[14]而朱自清正是因为对传统文化和文学有深入地了解，所以注意到即便是白话文和新文学的学习，也不能脱离文言文和传统文化的语境，从而身体力行，在教学内容和具体教法层面都为保留传统语文教学的精华作出了贡献，这无疑体现了对语文学科本身发展规律的尊重。

四、提倡本真的写作训练

在语文教学中，写作是重要的一环。朱自清身为五四运动以来著名的散文作家，同时又长年劳作在国文教学一线，他对写作教学的种种观点和具体做法，是他语文教育思想的重要组成部分。要言之，我们可以说朱自清提倡的是一种本真的写作训练，表现在以下三个方面：

第一是使用白话文进行流畅而真实的表达。

朱自清的散文创作,本就是白话文写作的典范。他在这方面的主张:“是以北平话作底子而又不全用北平话。那也就包含一个结论,便是我们文章的语言,必须是出于一种方言,这是语言的真生命;然后再吸收他种方言术语,加以扩大,成为自创的语言。”[15]朱光潜先生对朱自清的散文语言也有较为精当的评价,他说:“佩弦先生……摸上了真正语体文的大路。他的文章简洁精炼不让于上品古文,而用字确是日常语言所用的字,语句声调也确是日常语言所有的声调。就剪裁锤炼说,它的确是‘文’;就字句习惯和节奏说,它的确是‘语’。任文法家去推敲它,不会推敲出什么毛病;可是念给一般老百姓听,他们也不会感觉有什么别扭。”[16]

作为一个写作者,朱自清如是实践;作为一个语文教学者,他在教学活动中也大力提倡白话文写作。他的学生陈天伦在《敬悼朱自清师》一文中回忆说:“民国十二年,我在温州中学初二读书,朱先生来教国文,……那个时候,我们读和写,都是文言文。朱先生一上来,就鼓励我们多读多作白话文。‘窗外’‘书的自叙’……是他出的作文题目,并且要我们自由命题,这在做惯了‘小楼听雨记’‘说菊’之类的文言文后的我们,得了不少思想上和文笔上的解放。”

本文在此无意比较文言白话之优劣,只是想指出,白话文对大多数人来说,是一种更容易掌握的表达载体,白话文写作训练,给真实流畅地表达写作者的内心提供了更大的空间。朱自清身体力行,从创作和教学这两个方面为白话文写作的推广作出了最大的努力。

第二是切实明确写作的实用目的。

朱自清意识到当时中学作文中的重大弊端:“自五四运动以后,许多人都希望成为一个作家,可是在今天,我们所能看见成功了的,出名的,确是寥寥无几。推究失败的原因,是到处滥用文学的感情和用语,时时借文字发泄感情,文学的成分太多了,反而失去文学真正的意义。”过度的抒情化容易造成虚无浮夸的文风,对真正的抒情达意并无益处。朱自清因而提出“假想的读者”这一训练方法。他说:“写作练习大部分是拿假想的读者作对象,并非拿实际的读者作对象……假想的读者除了父兄,教师,亲近的同学或朋友外,还有全体同学,全体中学生,一般青年人,本地人士,各社团,政府,政府领袖，一般社会，以及其他没数的。”[17]

以这样广泛的“假想的读者”作为对象来进行写作训练，朱自清设想以报刊文字作为具体目标。他说：“我觉得现在中学生的写作训练该拿报纸上和一般杂志上的文字作切近的目标，特别是报纸上的文字。报纸上的文字不但指报纸本身的新闻和评论，还包括报纸上登载的一个文件——连广告在内——而言。”这样做，他认为有三种好处：“第一，切用，而且有发展；第二，应用的文字差不多各体都有；第三，容易意识到各种文字的各种读者。……因为报纸上登载着各方面的文件，对象或宽或窄，各有不同，口气和体裁也不一样，学生常常比较着看，便容易见出读者和文字的关系是很大的，他们写作时也渐渐会留心他们的假想的读者。”[17]

第三是写作要有“至诚”的表达。

朱自清《说话》一文中说：“至诚的君子，人格的力量照彻一切的阴暗，用不着多说话，说话也无须修饰。只知讲究修饰，嘴边天花乱坠，腹中矛戟森然，那是所谓小人；他太会修饰了，倒教人不信了。”如果说“假想的读者”仅仅从实用的角度画出了写作能力的底线，那么，“至诚”的表达就是一个较高层次的要求，与前文谈到的人格教育观相契合。

1933 年，清华大学入学考试的作文情况引起朱自清的思索。他说：“（对于实际的生活）看起来大部分的考生似乎是既不自己张开眼看，也不自己按下心想的。而他们都是高中毕业生。因此，我们不能不疑惑高中的教师真的尽了他们的责任。”如何才算是尽了责任？朱自清说，“理想的教师不但想到学生的耳朵，还想到他们的脑子”“教学生能自己观察，自己思想”“养成他们自己的判断力”；只有这样，学生才不致言不由衷，满足于“追时代潮流”，写“洋八股”的文章。[18]

五、回望和反思

以现代语文教育工作者的视角来回望朱自清先生的语文教学实践和教育思想，我们会获得哪些启示呢？

首先，早在 20 世纪初，朱自清先生所提倡的语文教学已经初步体现了科学人文相融合的先进理念。事实上，语文教学大讨论中的“工具论”与“人文论”之争，是以思想史、教育史上的科学主义和人本主义两大思潮之争为背景的。目前，在世界范围内正出现科学主义、人文主义相互融合的趋势。建立科学、人文相互融合的课程体系，必须既重视“以社会文化对人的塑造”，又重视“人的潜能的充分开发”；既重视“教育内容的科学的系统的构成”，又重视“作为学习主体的学生的内在条件（发展阶段、个体经验、生活现实、学习动机、意志、信念、价值观等）的认识与洞察”；既注重文化知识的传授，技能、能力、智力的培养，又注重非智力因素、健康个性、人格的培养；既重视科学精神、科学素质的培养，又注重人文精神、人文素质的培养。朱自清的语文教育思想以人格为重，又注重先进教法的使用和渗透，注重学生语文技能的培养和提高，这样的做法在当时无疑是全面而先进的。

其次，朱自清的语文教育思想中体现了古典文化和现代语文相接续的特点。这在新文化运动提倡摒除文言、汉语拼音化的大背景下，殊为难得。朱自清本人在汉语现代化的进程中与有力焉，也是白话文写作的佼佼者。但是，朱自清毕竟从小接受古代文化的熏陶，他清醒地认识到古典文化（文学）和现代语文之间不是相斥的，更多的却是相承的。所以，在经典介绍、古诗鉴赏等多个方面，他编写的书籍让当时包括现在的中学生获益良多，他提倡的教法（吟诵）把古人学习文言的精髓体现得淋漓尽致。现代语文教学受西方的教育思想和理论影响颇多，正逐步走在现代化的发展道路上；如果我们能够注意到母语毕竟不能割舍古典文化环境而单独存在，如果我们能在前人经过长时间积累而习得的教法中获得更多营养，我们定能做好新世纪的母语教学工作。

最后，是语文教育和创作实践的紧密结合。朱自清不仅是一个语文教育工作者，也是一名杰出的作家，语文教学和他的写作历程是结合在一起的。他不仅提倡学生写白话文，还基于自己对新诗创作的理解，教导学生从文字分析开始解读诗歌。他的一些散文创作，其预设的读者十分明确，就是中学生（如《欧游杂记》）。而现在的很多语文教学工作者，在上课之余不阅读、不写作，和朱自清先生恰成鲜明的对比。可以说，是新诗和白话文写作奠定了朱自清现代语文教学的基础，而朱自清的语文教学实践，又进一步推动了他的写作实践，两者确实是相辅相成的。这一点，值得现在的语文教师反思和学习。

参考文献

[1] 徐家昌.青灯有味是儿时——朱自清与扬州[J].扬州大学学报(人文社会科学版)，2009(2).

[2] 顾黄初.略论朱自清的语文教育思想[J].扬州师院学报(社会科学版)，1988(3).

[3] 校歌全文为："浩浩乎长江之涛，蜀冈之云，佳气蔚八中。人格健全，学术健全，相期自治与自动。欲求身手试豪雄，体育须兼重。人才教育今发煌，努力我八中。"

[4] 朱自清.教育的信仰[M]//朱自清.朱自清全集-第四卷.南京：江苏教育出版社，1996.

[5] 朱自清.中等学校国文教学的几个问题[M]//朱自清.朱自清全集-第八卷.南京：江苏教育出版社，1996.

[6] 朱平珍.讲台上的朱自清[J].云梦学刊，2010(3).

[7] 孙建明.我国百年语文教学革新嬗变及其特点[J].湖州师范学院学报，2008(6).

[8] 朱自清.再论中学生的国文程度[J].国文教学，1948.

[9] 朱自清.诵读教学[N].新生报，1946.

[10] 刘冬.朱自清先生与语文现代化[J].清华大学学报(哲学社会科学版)，1999，14(1).

[11] 朱自清.怎样学习国文[J].国文杂志，1944，3(3).

[12] 吟诵，是我国传统的读诗读词和读文的方法。所谓"吟"，就是拉长了声音像歌唱似的读；所谓"诵"，就是用抑扬顿挫的声调有节奏地读。(陈少松.古诗词文吟诵研究[M].北京：社会科学文献出版社，1997)

[13] 朱自清.论朗读[J].国文教学，1948.

[14] 林毓生.中国意识的危机[M].贵阳：贵州人民出版社，1988：328.

[15] 杨振声.朱自清先生与现代散文[M].北京：生活·读书·新知三联书店，1987：124.

[16] 朱光潜.回忆朱佩弦先生[J].文学杂志，1948，3(5)：7.

[17] 朱自清.论教本与写作[J].国文教学，1948.

[18] 朱自清.高中毕业生国文程度的一斑[J].独立评论，1933.

致力于平时 收功于临事

——张煦侯语文教育思想研究

张志强

张震南(1895—1968),现代学者、文史学家。字煦侯,以字行,又名张须,书斋名曰:秋怀室,淮安府清河县王营镇人(今淮阴区)。其为人敦厚纯朴,博览群书,满腹经纶,兀兀穷年,耕耘不辍,博通文史,德高行芳,一生著述甚富,《中学国文述教》《师范国文述教》均与范耕研先生合著(商务版)。《通志总序笺》(商务版)、《国史通略》(中华版)、《通鉴学》、《秋怀室论文》(均开明版,秋怀室论文在印刷中)。《王家营志》《淮阴风土记》《听春集》均自印本。其编写的《中等学校适用应用文》教材,曾被选为全国中学通用教材,所至声誉鹊起。著作《通鉴学》最为有名,是近人第一部系统研究《资治通鉴》之专著。

张煦侯与扬州关系密切。前后共在扬州中学任教 13 年。1920 年至 1922 年,他受李更生校长的邀请,在江苏省立第八中学工作三年。1922 年至 1927 年他离开扬州到淮阴在省第六师范和淮阴中学工作共六年;1927 年他受周厚枢校长的邀请,又来到扬州在由江苏省立第八中学和江苏省立第五师范学校合并成立的江苏省立扬州中学工作十年半。1937 年,抗日战争爆发后,在扬州沦陷之际,他赋闲回家。张煦侯讲课旁征博引,既深入浅出,又深刻透彻,语言简洁生动,引人入胜,常因旁听生太多而不得不移到学校礼堂授课。1948年,夏丏尊先生纪念基金会,在《国文月刊》发表“启事”,将募集基金的息金作为奖金,“赠于任教在十年以上具有优良成绩的中学国文教师”,张煦侯是两名受奖者之一。可见他教学实绩显赫,科研成果卓著,已为社会所公认。

作为国学根基深厚的一线中学教师,张煦侯虽未能吸纳国外教育理念,成一家之言,成为当时课改的风云人物,甚至没有紧跟白话文运动的潮流。但是,他立足实践,善于从学情视角和语文教学特质的立场上分析问题,并尝试寻求解决方案,付诸实践。因此,他的主张是融合了教学情景的复杂性和学生认识水平的现实性的“接地气”成果。对我们今天如何找到新课改与班级授课制的现实之间的连接点,如何打通阅读写作的壁垒,如何进行校本教材的研发颇有借鉴意义。

一、张煦侯的语文教学理念

1. 提倡“自动”读书,勤做“札记”

他反对教师一味讲授,学生被动吸收,提倡学生“自动”读书,勤做“札记”。张煦侯认为:学生“主动”读书的功效远胜教师讲授。相对于课堂教学,教师更重要的任务是指导学生养成写阅读札记的习惯。积累丰富,自然思想深刻,见识卓越。

因此,张煦侯特别重视读书方法和做札记的指导,并且给读书札记评定成绩,以至十年前学生的札记成绩还保存着。指导学生课外阅读方面,他颇有心得:要规定进程,要有如“五年计划”一样的整体设计,要“附加注释,要设身处地尽量减少学生的困难”,这些做法的目的都是让学生“自动”,即自觉主动地读书,减少对教师的依赖。

由于这种“劳于读书,逸于作文”的理念,他很少对学生的写作进行大幅度删改,因为个人的见识不是别人强加上去的,而是自己阅读思考的结果。因此,对于学生作文中常见问题“文词工拙”“识见高下”他认为,要用“修饰、补充、减缩三种方法,在可能的范围内替学生斧削”,以使学生的文词工丽;而见识问题,除“指导学生读书之外,别无它途”。他在《中学师范各科教学研究总报告》与同仁们一起,提出作文教学的十点建议。其中有创建的有:“作文命题,应注意启发学生之思想,力避苦涩萧索之题义”;“改订学生作文,应顾全作者原意,不宜删削过多;并时用圈点,以引起作者之兴趣;兼应常加眉批或总批,做积极指导。”

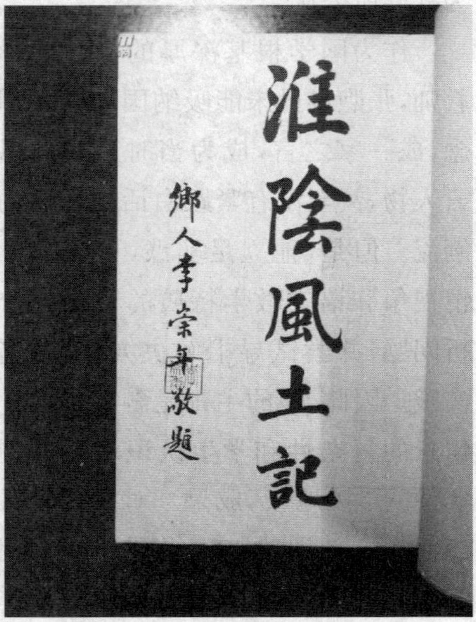

对于学生的优秀习作,张煦侯激赏不已。乐怡然在《回忆青年时代的朋友胡乔木》一文中写道:“1927 年乔木在江苏省立第八中学初中毕业。这时,江苏省立第八中学和江苏省立第五师范学校合并成立了江苏省立扬州中学。乔木升入扬州中学高中……在高中,他的语文作业仍然常常得到高分。有一次我们中文作业是自选题材,不限文体,乔木作了一首五言古诗,当时号称‘淮南才子’的张煦侯老先生是我们的语文教师,对乔木这首诗未作一字一韵改动,拿到班上一边朗诵,一边击节赞赏不止。”

张煦侯本人博文强识,出口成章,为学生通过认真读书而学好语文提供了最直观的榜样。学生回忆他“为人纯朴敦厚,记性极佳,可以过目成诵”,被誉为“活辞典”,加上喜欢音乐,口才又好,唱歌、说书都极富吸引力,大家都乐于欣赏。他一学期中常常选授一些小令,引起学生填词的兴趣。因此,很多扬州中学的优秀毕业生对他有深刻的记忆。

2. 打通课堂教学与生活的界限,让学生在生活中感受语文魅力

据学生回忆:"他教的师一级,多运河一带学生,暑假将届,选诗九首,隐寓一路归程,其目为王士祯《别广陵》、鲁一同《雨泊湾头》、厉鹗《召伯埭》、张问陶《过界首》、吴伟业《高邮道中》、查慎行《宝应雨泊》、张謇《从孙观察奉差淮安纪行》、沈德潜《泊舟版闸》、万寿祺《清江浦》用以赠别,于生活交际中培植学生的文学修养,可谓别开生面。"这种教材不但拉近了语文学习与个人生活的距离,更能让学生在家乡"发思古之幽情",与古代文人进行心灵对话,也有利于使人以诗意的眼光欣赏生活,或者进行文学创作。

二、张煦侯的教材编撰思想

1929 年和 1932 年国民政府先后颁布了《高级中学普通科国文暂行课程标准》《高级中学国文课程标准》。在其"教材大纲"中都规定了阅读、文章做法(1929 年暂行标准称为"文法及修辞")。在"阅读"中,《课程标准》规定:

(一)选文精读选用教材,除适用初中七项标准外;其排列之程序,应语体文言分授。语体文但选纯文艺及有关学术思想之文字;文言文第一学年以体制为纲;第二学年以文学源流为纲;第三学年以学术思想为纲:各授以代表作品,并得酌授文字学纲要及应用文件。

(二)专书精读以辅助(一)条为原则,增长学生作文看书之能力,依照各学年之程度选定名著,每学期约一部或二部。

(三)略读学生各就其资性及兴趣,由教员指导,选读整部或选本之名著,散见各书之单篇作品,及有价值之定期刊物。

20 世纪二三十年代乃至整个民国时期,文言白话之争、语文性质之争此起彼伏,加之教材由民间编写,政府仅负责审查,导致教材种类繁多,良莠不齐。很多教材中的选文八股遗风盛行,不能把《课程标准》中的"依照各学年之程度"、"就学生资性及兴趣"等要求落到实处。直至 1945 年李广田还批评道:"现在坊间一般教科书的教材之深僻,那就更莫名其妙了。"[1]一些编者甚至把书牍、碑志、墓志铭、哀祭、序跋等看得非常重要,这种需要恐怕不是"学生自身的需要",而是把编者的需要强加给青年,违反了"学生兴趣的

原则”。在这样的时代背景下，张煦侯等扬州中学教师在编写教材方法的主张和做法，无疑是难能可贵的。

张煦侯等人经过实践和研究，探索出一套把《课程标准》的理念落到实处的办法，并对其不完善或不切实际之处进行微调。例如，如何编写教材才有利于学生精读？张煦侯提出四点建议：一、选择读物，要如《为姑设馔》一样适合学生需要；二、排定进程，要如“五年计划”一样具备整个的设计；三、支配分量，要适合一学期之用；四、附加注释，要设身处地尽力减少了解的困难。概括这四点建议并结合相关论述，我们可以梳理出其教材编者的主要思想。

1. 尊重语文学习规律的教材观

民国时期编写教材处于自由竞争局面，孙俍工《国文教科书》等以“文章作法”为线索的单元组合法和夏丏尊、叶圣陶《国文百八课》为代表的各类知识“混合”编写单元组合代表了当时教科书的最高成就。但是，这些教科书多是从语文学科知识的系统性角度考虑问题，而对学生的实际能力、心理感受、学习语文的目的等现实层面关注不够。例如，如何将“使学生能应用本国语言文字，深切了解固有的文化，以期达到民族振兴之目的”的目标落到实处？“除继续使学生能自由运用语体文外，并养成其用文言文叙事说理表情达意之技能”这一目标如何分步实施？如何将教师讲授学生自学、精读和略读、阅读和表达、文法训练和思想积淀结合起来？教材是教师借以向学生传授知识、培养能力的媒介，教材的内容和组合形式必须以学生的学习目的、能力水平、学习心理为出发点，并形成合理的系统。张煦侯对这些都有深入思考。

(1) 高中三年语文教材应该形成系统，选文众星拱月，各司其职，紧扣教学目标。传统的语文教学以选文为主要载体，选文所承担的教学功能是由教师决定的，存在着很大的随意性。这一至今悬而未决的问题，早在20世纪30年代张煦侯便做了精辟的阐述，他说：“排定进程，要如‘五年计划’一样具备整个的设计。”高中三年中，当“各立一鹄以为重心”，一篇文章选入教材，不仅仅是因为它本身写得好，更是它可以成为传授语文知识、训练语文能力的载体，并且在入选的文本中承担着独一无二的角色，“篇篇必当有所负之使命在”。这是站在中学阶段语文学习的整体性和语文学科知识的系统性的综合角度分析问题的。深入研究下去就是现在王荣生教授主持研究的语文教学内容的确定这一课题。

(2) 正篇与附篇的结合。张煦侯等扬州中学教师编了一本国文教材，于1931年由南京书局出版。在总结该教材得失时，他提出理想的教材编写原则，“正篇”与“附篇”相结合。“正篇”就是直接供教师讲授的范文，“附篇”是每一集团(相当于单元)之后，附录的若干篇和本单元相关的文字，以便学生自习，可以帮助学生了解课文的价值、特征和时代性，巧妙自然地与课本取得联络和补充。对于“附篇”，要求学生自行学习并用笔或口头报告内容。从而就保证了“阅读”和“表达”的综合训练。

(3) 推荐阅读书目体现语文教育的系统性。教师讲授的目的是以课文为例子来示范读书方法，学生高中三年由“扶着走”到逐步学会“自己走”。读书占所有语文课时比例次第增加：第一年为三分之一、第二年读文读书各半、第三年为三分之二。各学年有各自目标。张煦侯强调精读略读的配合。精选教材，兼顾科学训练和人文滋养。他为学生开列了一张书目，包括精读和略读两个部分。精读书主要有《论语》《孟子》《左传》《史记》《论语》《孟子》中蕴含的和谐意识、人本意识、忧患意识、道德意识和力行意识等儒家文化精髓，是中华民族的“核心价值”观，学生熟读两书，可以将民族意识内化，构筑精神家园。“左史为述事之典型；孟庄为说理之模范；且左孟平正，可以植其根本，史庄奇矫，可以观其变化。熟此四书，基础斯立”。这四本书兼顾学生叙事、说理两种最重要的表达能力的培养，培养叙事议论的规矩，但不至于呆板；富有变化，而不至于怪异。如果说，精读书在于夯实学生基础的话，略读书在于“各适其性，以济专读之缺点，理不当有所拘囿”。

精读书还有《老子》《庄子》《诗经》《离骚》《诗词》《说部》《诗文评》。这7类书既有思想性，又有艺术性，对教会学生做人、做事大有裨益。《老子》《庄子》为道家经典，从人文方面讲，可以熏陶“喜怒哀乐，不入于胸次”的洒脱心态，宠辱不惊；从科学方面讲，其中闪烁的辩证光辉可训练学生思维的严密性、深刻性。学生通过咀嚼消化《诗经》《离骚》《诗词》《说部》等文学经典，既可得到人文熏陶，又能储备语言，总结写作规律，培养谋篇运思、遣词造句的能力。《诗文评》则直接"究文体源流，而评其工拙"，探讨文学创作方法，总结创作规律。此外，这一书目也遵循了语文教学规律。通过研读这些经典，学生可以体悟学习叙事规律，也可以使自己的思维能力和表达能力得到科学全面地训练。

精读以上书籍，可以使学生打下坚实的国文基础，定好人生修养的基调。25 种略读书目旨在拓宽学生视野，促进学生发展，同时体现了科学人文融合的特色。

首先，它富有弹性，不做严格的统一要求。这不但符合学生智力能力发展不平衡的规律，还体现了对人的个性的尊重。

其次，书籍分类体现对科学人文融合的追求。张先生将略读书目分为六类，其中《曾文正公日记》《涵芬楼文谈》《中学以上作文教学法》主要涉及创作态度、技巧、风格、修辞等内容，侧重科学性、知识性，属于"纵论古今文学者"。《世说新语》《陶渊明》等书，意在借助古代人格典范的力量对学生进行人文熏陶，分别属于"涵养文学趣味，或资讽咏者"和"直接或间接启示文学家之修养及性格者"。学生阅读这些书，既可以提高写作能力，又能培养健全的人格。

再次，读这些书有利于激发主动学习的热情，掌握学习的方法。例如，《四库总目》《中国文学史》等书，介绍了学术、文学的概况和发展脉络，学生通过阅读，不但眼界得以拓宽，而且会无意中萌生对某个作家、作品的兴趣，刺激他们主动读书的欲望。而《杜苏诗精华》等书，钟萃经典之作，学生反复涵泳，可以积淀语言、提高人文素养。

两类书点面结合，既立意高峻，又脚踏实地。既使学生眼界宏阔，又能使学通过读经典夯实语言基础，实现在科学指导下的人文熏陶。这张书目精读、略读结合，立足于全面提高学生语文能力，又能考虑和尊重学生整体情况和个性，激发学生求知欲，在愉快的阅读中将高尚的人文精神内化。

2. 从学情视角出发的教材观

教材编写者往往关注"合格的学生需要具备哪些素质"，"哪些选文可以作为培养这些素质的材料"，这种站在社会视角的教材编写理念存在的严重缺陷是没有把学生当成一个主动选择的主体，没有关注学生对这些选文是否感兴趣，阅读时能否达到教材专家所理解的高度。学情视角的缺失导致很多教材用心良苦，却是一厢情愿。

对于教育部《课程标准》提出的高三年级以"学术思想为纲，而授以代表作品"，张煦侯认为，最好能够改为"以古今学术思想为纲，而授以代表作品，尤多授近代论说足以增益学识浚发思想者。其文字及内容之深度，并应顾及学生之理解力"。"尤多授近代论说""增益学识浚发思想"着眼于学生的兴趣和对学生的用途，"顾及学生之理解力"强调对学生目前能力的关注，教材要在最近发展区范围内。为了弥补《课程标准》的缺陷，取得更好的教学效果，张煦侯编写《高三补充读本》以"浅易议论文为主"。这些主张和做法都体现了鲜明的生本性原则。

张煦侯认为，《课程标准》提出了目标要想得以落实必须以教材为媒介。而教材的编写必须考虑学生的智力和情感发展水平。他说，高三学生年齿既长，"理解力日当，其需要知识之欲望"，因而赞同《课程标准》多加论述文，使学生树立"学识之基石，悟得思想之条理和发表之方式"。并认为在高三阶段增加古代圣哲思想，可以"浚其神智"，以"增其能力"。但是，他结合教学实践，提出了三点难处：

一、一年之内连续讲授国故，让教师兴味索然，学生整天接受抽象的道理，必然学习效率低下，恹恹欲睡；二、一年中讲授各家思想，自然不能全面，不成系统，难免挂一漏万；三、学术文章与学生的读写实践脱节，便于讲授，不利于讽诵朗读，不利于学生在写作时加以模仿。

其中一、三两点都涉及学生视角：第一点是强调教材选文必须能够激发学生兴趣；第三点是强调教材要有助于学生读写水平的提高。

教材要与学生的兴趣相一致是张煦侯的一贯主张。他认为学术文章虽然有利于拓宽学生视野，培养深思的习惯，但"材料过于实在"，而"青年理智不若情感之丰富，学习心理殊病扞格"。长期讲授这类内容，学生必然不感兴趣，效果必然背离初衷，事倍功半，收效甚微。虽然教学不能片面重视兴趣，而导致丧失沉着静细的精神，但是不能拔苗助长。

张煦侯认为，教材必须有助于培养学生真正的写作能力。选本不能像《古文观止》那样单纯重视形式的"整饬浏亮华采"，也不能像"《左传博议》用笔虽然健举”,但议论空洞。他主张提倡选取“有故而作,而见地深切,其论事皆设身处地,而得其当然”的文章,在批评中,表达了这样的期望,不要空泛陈腐,要适用;不要高谈阔论,要深入明白;不要华而不实,要沉着痛快。这一主张是站在学生终身发展的高度,着重以阅读为途径教育学生修辞立诚,培养学生观察社会、思考人生、解决问题的能力。

教材编写还要考虑各个阶段的学习任务。“文字雅洁、篇幅简短、法度谨言”的文章适合训练写作技巧,在高一高二写作入门阶段必不可少,却不利于学生自然地阐发个人思想,因此不能再满足高三学生的需要。高三学生即将走上社会,不能闭户学文,因此选文一定要求“文体之解放,以适合今日之所需”。梁启超、吕思勉、王国维等人的文章是高三教材的首选,因为这类文章“浅近、流利、有内容”。高三的重要教学任务是论述文写作,并且论述文写作是学生会考和升学考试的必考内容,这必然需要大量的议论文范文来诵读与模仿。总之,教材编写时必须关注学生从“入格”到“出格”的学习规律和读写结合规律,不要过于随意。

张煦侯更为高明的见解是一线教师对教材的“二次加工”理论。任何选文都不可能成为天然的最佳教材,因为“名著”的作者,并没有想到现在的中学生要借重他们的大著做精读之用,所以浅深多寡,凿枘不投。教师必须对教材进行二次加工以适应学生学情,即教师要根据学生程度、时代潮流、阅读时数等等,加上一番改造。并适当补充课外读物,使“文字与课本相辅而行起见,兼用浅畅有趣之文言”。

3. 联系现实生活的教材观

虽然1929年、1932年、1936年《课程标准》从暂行到修订,日益完善,1930年叶圣陶、夏丏尊大力创办《中学生》杂志,提倡青年人自学、自修,提倡“语文的外延与生活一样宽广”。[2]但是,这种先进理念在当时曲高和寡,当时,语文教学是杂乱无章的,要么脱离现实生活,复古读经、空谈写作技巧,要么受时代思潮干扰“附和政治革命和社会革命,往往利用国民教学,宣传其主义”。[3]两种倾向,或脱离现实生活,使语文教学成为无源之水无本之末,窄化为文字训练,雕虫小技;或者将语文沦为宣传“主义”的附庸,剥夺了语文的主体性。张煦侯等一线教师在关注语文特质的前提下,力求将教学与学生的社会生活、家庭生活结合起来。

在《高中三年级教材补充问题》一文中，张煦侯对当时整理国故——“去平易之作，而令其日与高文典册为缘”使学生感到“相悬过远”的做法提出了质疑，认为方今“时事日亟，有用青年，岂宜令其闭门学文？”“时事日亟”四字可见张老面对国难当头的焦灼感，国文教学不能脱离社会现实，“闭门学文”，教育学生要胸怀天下，心系苍生，成为“有用青年”。那么，编写教材的着眼点就不能囿于教给孩子作文技法，而是有助于学生打开视野，能够发表个人言论的实用文章，以求“文体之解放，以适合今日之所需”。梁启超中年之后的文章“浅近、流利、有内容”可以选入教材。这些表述中，作者认为教材编写要贴近学生实际生活，富有时代感，不能与学生产生心理隔膜，要把语文当成了解时事、解决现实问题的工具。

张煦侯认为在抗战时期，语文教材要体现语文特质与现实性的统一。在《非常时期之国文教学》一文中，他提出“居今之世，欲令青年内坚品操，外明耻辱，并通晓国际大势，熟习本国文化，以养成未来之民族英雄”，就必须编撰非常时期课外读物。但是，这种补充教材应该“不失国文风味”，不能因为是国难当头，就“简质如账簿、枯燥如统计表，通套如例行之演说词”，也就是要有文采、有韵味、有行文之美。这种思想已经暗合了新课程提出的工具性与人文性相融合的理念。

张煦侯是积淀深厚的文史大家，又是实践经验丰富的中学教师，他的教材编撰思想既立意高峻视野宏阔，又立足现实关注学情，对今天的教材编写仍有借鉴意义。例如，以人文内容为专题的单元组合方式导致同一单元内文体不一致，学生对选文更多从内容上关注，不容易形成文体的“篇章感”；阅读教材和写作训练缺少对应联系，从学生认知的规律，多数中学延续高一重点练习记叙文、高二高三练习议论文，但是阅读教材中缺少经典范文让学生揣摩和模仿，导致读写训练难以衔接；重视选文阅读，而专书阅读并未纳入语文教材的视野，处于放任自流状态。张煦侯的教材编撰思想可以为教材专家提供参考，同时，启发我们一线教师，在编写校本教材、教材的二次加工等方面我们有自身优势，在提高语文教学有效性方面我们大有可为。

参考文献

[1] 李广田. 论中学国文应以文艺性的语体文为主要教材[J]//顾黄初,李杏保. 二十世纪前期中国语文教育论集. 成都:四川教育出版社,1991:743.

[2] 张哲英. 清末民国时期语文教育观念考察——以黎锦熙、胡适、叶圣陶为中心[M]. 福州:福建教育出版社,2013:352.

[3] 阮真. 时代思潮与中学国文教学[J]//顾黄初,李杏保. 二十世纪前期中国语文教育论集. 成都:四川教育出版社,1991:596.

理实并重 塑造学生的健全人格

——范耕研语文教育思想研究

王 欢

范耕研(1894—1960),名尉曾,号冠东,亦自号耕研退士,江苏淮阴人。早年就读于武昌陆军小学,由于志趣不合,旋即离校,进入南京国立高等师范。毕业之后,执教于地处扬州的江苏省立第八中学、江苏省立扬州中学(五师、八中合并而成)、盐城亭湖中学、兴化中堡中学、上海暨南大学、南光中学,于安徽芜湖师范学院退休,后病故于上海,享年六十七岁。范耕研一生不慕荣达,好学勤读,作育英才,誉满江淮之间。与二弟绍曾、三弟希曾,并称"淮阴三范"。范耕研昆仲都毕业于南京高等师范学校,又都因勤奋学习而学业优异,事业上斐然有成,故当时南京高等师范及苏北一带学界,无不知"淮阴三范"者。国学大师柳诒徵曾经盛称"淮阴三范",评价他们都凭借高远的志向和渊博的学识闻名于南京高校。

范耕研为人沉静渊雅,学养深厚。授课之余,专治周秦诸子,偶尔涉猎经史。其著作已知者,有《墨辩疏证》(商务印书馆)、《中学国文述教》(与张煦侯等人合著,商务印书馆出版)、《管子集证》(二十六卷,未刊)和皆在文革中散佚的《文字略十卷》、《淮阴艺文考略》(八卷)、《韩非子札记》(二卷)、《张右史诗评》(二卷)、《宋史陆秀夫传注》(一卷),以及由其子范震后来搜集整理而出版的“蕾砚斋丛书”(文史哲出版社)计 15 种,分别为《范氏隐书》《吕氏春秋补注》《南献遗徵鉴》《庄子诂义》《蕾砚斋诗文残稿》《蕾砚斋杂著两种》《江都焦理堂先生年表》《说文部首授读》《周易诂辞》《庄子诂义》《章实斋先生年谱》《学林》《十六钱砚斋诗文集》《范耕研手迹拾遗》《蕾砚斋日记》。一般认为,范耕研的学术著作中,以长达二十六卷及附录二卷之《吕氏春秋补注》为最善。《吕氏春秋》是一部百科全书性质的巨著,盖非学问、功力足可问津者不敢治此。他却不畏艰难,矢志钻研,且多有发现与发明,书中相关的考订文字和论述广为近世诸家所征引。

关于范耕研的语文教育思想,我们主要从他与张震南、王范矩、李荃合著的《中学国文述教》中搜集整理得出。该书为四位作者在 1912 年教育部公布新订学制(即“壬子学制”)的背景下,任教于当时的江苏省立第八中学时,在语文教学理论和实践方面的探索成果。全书分为总说、范文、作文、札记、文字学、余论和附录共七个部分。资料翔实,逻辑明确,虽然作者一再自谦称其为同仁在语文教学方面的探索,但是处处闪现的思想火花仍使后人感叹其筚路蓝缕之功和启迪后辈之效。

一、语文即生活的实用主义

《中学国文述教》之《总说第一》中,作者开篇即谈在当时时代背景下语文学习的目的之一——略知前圣造字之意,与其流变,俾减伪误而归雅正。这是当时最基本的目的,对于汉字的普及以及人民生活水平的提高具有重要的意义。

而在指导选文的教授方法之“指示文法要点”时,说道“徒讲文法数十时,是死学问,不通乎用,讲之奚为?”。强调学习应该注重实用,将知识学活。

在谈作文部分,“乃世人往往重视作文,亦若国文之进步与否,胥作文是赖;而于文字文法学识诸方面,转不之顾。吾知其所作之文:必空泛而不切实;必徒具篇章间架,而无精义之发挥;必将胎袭近似之古文,以摇曳其声调;必将高谈道德经济,而忘其诬夸;必将抄撮古人之词藻,以自华饰;必将滥引习见之典实譬喻,以自矜博雅……”

至于作文的命题，甚至有“论淮北土匪滋蔓之真因”“水灾写实并志所感”“为灾民乞赈文”“记入校后之状况”“乡土风俗小志”“自修室偶笔”“记新租宿舍”诸如此类的题目，引导学生将眼光投向广阔的现实生活，为现实生活服务，这当是语文教育的题中应有之义。文中也曾谈及以时事命题的初衷，即“时事发生，系耳目所及，知之较详，以之讨论，其是非利害自易切实而有发挥。更借此可以明了于国内外之情形，不致徒读死书，昧于世势”。

我们联系当时的社会思潮，发现其主张与生活的联系，乃至高举实用主义的旗帜，实为受到时代风气的深刻影响。中国从1840年鸦片战争开始进入半殖民地半封建社会，虽然之后曾有多次科技、政治制度上的抗争，但是封建主义的思想观念仍然根深蒂固。在这种形势下，以陈独秀、胡适、李大钊等为代表的知识界名人，在中国大地上掀起了一场声势浩大的新文化运动，进而爆发了震惊世界的五四运动。五四运动既是一场反封建反军阀官僚统治的政治运动，同时又是一次以科学与民主为主题的思想解放运动。正是在这种社会背景下，迎来了实用主义在我国传播的高潮。产生于19世纪70年代的现代哲学派别——实用主义在20世纪的美国成为一种主流思潮。其传播从皮尔士开始，到将实用主义推向大众的詹姆士，再到将其推广到更广领域的杜威，范围不断扩大，其特点在于把实证主义功利化，强调“生活”“行动”和“效果”，它把“经验”和“实在”归结为“行动的效果”，把“知识”归结为“行动的工具”，把“真理”归结为“有用”“效用”或“行动的成功”。正如皮尔士所发表的观点：认识的任务，不是反映客观世界的本质和规律，而是认识行动的效果，从而为行动提供信念。

范耕研的相关教育主张契合了当时流行的实用主义哲学。例如，命题作文中有部分直指现实生活，暗合了实用主义强调以解决人生问题为主题的走向。五四运动前后，中国知识分子反对封建传统文化，提倡新文化，需要一种新世界观作为武器。实用主义正好符合他们冲破封建文化藩篱，提倡人的价值与个性解放的要求；实用主义正好反映了他们反对脱离实际的陈腐的“皓首穷经”的学风，提倡面对现实、实际新学风的要求；实用主义正好迎合他们反对愚昧与专制，提倡科学与民主的要求。文学界尤其是小说界涌现出冰心、许地山等“问题小说”作家，而教育领域，陶行知、范耕研等教育名家也在这条道路上积极地探索。这和中国传统的“文以载道”有着本质的区别。范耕研所处的时代，科举制已经废除，新学制已然实行，再加上当时的时代背景，主张为生活的实用主义无疑是在后“文以载道”时期开辟了一条新的道路。

二、崇尚自由表达，塑造健全人格

《中学国文述教》在附录的《第九届三年级乙组国文科附设讨论会简章（十年十一月十五日）》中提出：本会会员在开会三次内，至少须发言一次；凡出席者言论未终止时，他会员不得离席和发言。

而在作文内容方面，其规定：写实事，说实话；思想无间新旧，适合现势之所宜。为此，还进一步解释道：立意虽有浅深，遣词亦分巧拙，评陟之先，以一实字为衡。其果实事实话，出自衷诚，虽浅能进于深，虽拙能进于巧，必为导引之。倘夸诬虚伪，言美不根，虽非恶卷，难希孟晋，所酌惩也。思想新旧，与时代谢，陈言虽美，或窒而难通，新说虽奇，或高而无当；其保存国粹，挽旧说之将坠，或灌输绝学，导群伦以先路，此乃通人硕学，持世有心，非初学能跻也。初学之识力未定，歧路彷徨，始则盲从，终乃成性；此之为害，拘墟不通。

在规定的作文命题种类中，第七条和第八条也能见出范耕研等语文教育工作者在倡导自由表达方面时的良苦用心。如第七条：自由发表思想之题：就一己见到之处，发表之；以观其文之工拙。至思想之高下，自不能以哲学家言为衡矣。诸如“我之交友观”“我之人生观”“我之目的”“述人生乐事”“最苦与最乐”“我之理想观”等之类的命题即为其例。而第八条则为“自由叙述见闻或往迹者”，“我之小史”“自述学文之心得”“乡土名迹志略”这样的命题当属其类。

这些主张实际上涉及教育的根本目的。教育的根本问题是要培养什么样的人，因为它决定我们用什么去培养和怎么去培养。当时，蔡元培先生就曾明确地提出自己的主张——造就具有完全人格的个人。在我国传统的文化心理结构中，人格主要是一个伦理道德范畴。有道德即有人格，缺德就没有人格，德高望重者则人格高尚。从这个意义上说，人格即思想人格。这种文化心态是儒学占主导地位的传统文化的折射和积淀。但是，社会发展的最终目的是为了个人全面而自由的发展，并且是通过人的自由自觉的活动来实现的。个人的发展、个人的幸福和个人的自由都有着"独立向善"的价值，它不需要任何别的价值来证明。也就是说，并不因为个人自由是社会自由的条件，也不是因为个人发展是社会发展的一个条件，个人自由、个人发展才有了价值，个人自由、个人发展其本身就是目的，有着自足的价值。更何况现实的个人是社会发展的重要动力，离开现实的个人的发展，社会的发展就是不可理解和毫无意义的了。蔡元培所首倡的完全人格教育，颠覆了传统的人格教育，为新时代人格的健康发展做出了巨大的贡献。

同时代的范耕研等人在中学语文教育中虽然并未直接提出完全人格的教育思想，但是从我们援引的《中学国文述教》的相关文字中，我们已然发现了这一批教育家对于塑造中学生健全人格的推崇。后世的江苏省扬州中学提出"人格健全、学术健全、自治自动、体育兼重"的办学思想，并将"人格健全"放在首位，当有前辈思想家的深刻影响。而且这样的办学思想越是处于思想开化、自由的时代，就越能在教育的广阔夜空熠熠闪光。

三、为学主智，积理为亟

前文所谈的实用主义，在特定的时代背景下有着巨大的现实意义，但是，正如一块硬币有正面也有反面一样，实用主义将"有用"等同于"真理"，现在看来，也是有其偏颇之处的，或者即使说皮尔士、詹姆士等人的实用主义理论作为一种理论，本身无懈可击，但是经由杜威迅速传播到中国以后，国人也容易将之偏激化、极端化，而走向否定实用之外的一切"真理"。这样的例子在后世屡见不鲜。

难能可贵的是，作为一代通儒，范耕研等一批教育家既搭载了实用主义的列车，为中国的现代化铺设了一条康庄大道，又自觉或不自觉地兼顾了对中国传统文化的继承和发展。他们提出"为学主智，积理为亟"，既在客观上强调教育启人心智的重要性，又维护了中国传统文化精髓的独特地位。

在《中学国文述教》的"作文"部分，作者开宗明义地指出了当时人们对于作文乃至国文学习的偏见：

吾人对于国文之练习、考查，皆依据所授教材之性质，分别施行：故文字学以识文字，文法以明规律，札记以广学识；皆于国文一科，冀收培本之效。作文亦练习之一种，所以使之运用其“文字”“文法”“学识”。虽中等学生，岂必望其深远，然各呈学力，或不至无货而贾耳。由是观之，作文者将欲使国文之进步也；然国文进步之根本，不在作文；特国文进步而后，由所作之文，表曝而已。[1]

作者认为纯粹依靠作文练习以期国文进步的做法，必然会导致所作之文“空泛而不切实”“徒具篇章间架，而无精义之发挥”“高谈道德经济，而忘其污夸”[2]等毛病。而正确的做法是在学生的“文字”“文法”“学识”三个方面下功夫。前两种可在“范文”(即课内讲授之文)中实现，第三种则必于通观群籍中获得。作者进一步认为只读“范文”而不广泛阅读，具有两个弊端：第一，在范文之后亦步亦趋地雕琢文辞、修饰章句，捡拾前人思想之牙慧，必然导致所作之文中充斥着一股酸腐之气，从而禁锢学生的思想；第二，致使青年学生经常为摹神炼气所扰，实乃对其精力的损耗而陷入漫无目的的状态中，不利于改善学术上青黄不接的局面。

于此，作者着意弱化了“范文”的作用，而更加强调了广泛阅读并作“札记”的重要性。也正是在这个意义上，作者认为，从旧式科举的牢笼中走出来，处于新学制的背景下，中学生读书的目的不再是成为“文人”，而是要跳出“章句”的藩篱，表达自己的情感主张。进一步来说，读书旨在增长学识，以之作为发展的阶梯。此目的将人从科举的附属性地位中解放出来，使人成为主动的、独立的具有智慧和思想的个体，是为“为学主智”。

而在应该阅读的书目中，作者列举了四类：一是作为学文基础的“识字”，如王筠《说文句读》一类；二是有裨于文法或思考的“论文”，如刘勰《文心雕龙》一类；三是作为圣贤言论的“取范”，如《战国策》《史记》一类；四是“积理”，如《论语》《韩非子》一类。在这四种书籍中，作者认为一般人经常忽视不讲，因而不得不亟为提倡，是为“积理为亟”。

由于《中学国文述教》一书现已难得，欲求读者对范耕研“积理”思想有更多了解，现将推荐书目赘录如下：

(1) 识字要籍

王筠说文句读、王筠说文释例、蒯光典文字蒙求广义、广韵、顾炎武音论、江谦说音、高元国音学、郝懿行尔雅义疏、杨子方言、章炳麟新方言、章炳麟国故论衡上册

(2) 论文要籍

刘勰文心雕龙、刘知几史通、章学诚文史通义、王引之经传释词、俞樾古书疑义举例、马建忠文通、章炳麟国故论衡中册、严复译耶方斯名学浅说、刘伯明译杜威思惟术

(3) 取范之书

春秋左氏传、战国策、史记、汉书、后汉书、三国志、资治通鉴、宋元明史纪事本末、三通序、世说新语、郦道元水经注、王闿运湘军志(以上纪载之文)

诗经、楚辞、文选、姚氏古文辞类纂、曾氏经史百家杂钞、李兆洛骈体文钞、古诗源、古今诗选(以上诗经及诗文辞总集)

周济词辨、元曲选(以上词曲)

杜诗镜铨、李太白集、韩昌黎集、柳河东集、白氏长庆集、苏东坡集、剑南诗稿(以上诗文辞别集)

太平广记、纪昀阅微草堂笔记、虞初新志续志、儒林外史、水浒传、石头记、老残游记(以上笔记及小说)

(4) 积理之书

论语、孟子、老子、庄子、荀子、墨子、韩非子、吕氏春秋、论衡(以上古代哲学)

江永近思录集注、王守仁传习录、黄宗羲宋元学案明儒学案、梁启超清代学术概论(以上宋以后哲学)

俞樾诸子平议、章炳麟国故论衡下册、胡适中国哲学史大纲(以上中国哲学参考书)

王应麟困学纪闻、顾炎武日知录、王念孙读书杂志、陈澧东塾读书记、朱一新无邪堂答问(以上学术上之札记书)

西洋哲学史大纲、近代思想解剖(以上西洋哲学)

杂志(十数种)、日报(约数种)[3]

以上所列书目宏博美备。也许在有些评论者看来，开列书单的目的不无偏颇之处，所列书目难免有贪多求全之嫌，但是其在学生的人格锻造、学术锻炼上之良苦用心，可见一斑。

而且，范耕研还将学术上的“积理”精神沿用到了语文教育的实践过程中，并将其视为语文教育中亟需解决的任务。也许有的研究者会认为“为学主智”的思想和“积理”存在严重的冲突，毕竟作者在“积理”方面推荐的很多书目恰为儒家经典。对此，作者作了比较明确的解释：

同人既主张读书积理，以为文之基本；与古人所谓“文以载道”者，其说不侔。古人所谓文以载道者，类皆俨然以圣贤自命；非仁义心性之说不下笔，非周孔程朱之义弃勿道，则亦拘笃自隘而已。信如是，亦只儒家之传教士，几何不令学者化为迂腐也。同人所谓读书积理者，只是增益其学术，扩大其见解，以免其所为文空疏无实而已。且亦以为他日深研国故之阶梯。非谓借此而作某种主义之宣传也。[4]

在“文以载道”思想的指引下，写作文章的目的，就是要宣扬儒家的仁义道德和伦理纲常，为封建统治的政治教化服务；评价文章好坏的首要标准是其内容的贤与不贤，如果仅仅是文辞漂亮，却没有道德内容，这样的文章是不会广为流传的。范耕研为其“积理”思想与“文以载道”的思想作了明确的区分，简言之，虽然其对象相同，和后者将“道”视为学文、为文的目的不同，他将“理”作为“造岸之筏”“寄书之邮”，存在着目的论和工具论的明显区别。

以上是从“积理”的目的之角度，来阐述这一教育思想的巨大意义。其实，“积理”的思想并非范耕研首创。在我国古代辉煌灿烂的文学理论宝库中，被誉为“清初三家”之一的魏禧，就在其文论中提出“积理练识”的主张。他否定了程朱理学中“理在气先”的唯心主义观点，站在唯物主义的立场，认为“人生平耳目所见所闻，身所经历，莫不有其所以然之理，虽市侩、优娼、大猾、逆贼之情状，灶婢、丐夫、米盐凌杂、鄙亵之故，必皆深思而谨识之”。(《宗子发文集序》)这就明确肯定了事物发展的规律(亦即理)，存在于客观事物之中，即使被人视为不足挂齿的日常琐事或不屑一顾的下等人也不能排斥在外。而在求“理”的方法上，他强调接触实际，躬行实践。他认为只有大至天文宇宙，家国社会，小至草木虫鱼，柴米凌杂；高至皇帝社稷，士宦百官，低至下层各界，三教九流都能深入体察，所穷之理，才能真切准确；发为文章，才能“大小深浅，各以类触”。所以，魏禧的“积理”强调从广阔的社会实践和最广泛的群众中去实现，而范耕研的“积理”则结合中学生的学习、生活实际，主张从前代所传各类典籍中寻求。这里既存在方法上的不同，也是范耕研将文学创作上的“积理”说化用于语文教育领域的一次伟大尝试。

欲探求范耕研“理实并重，塑造学生健全人格”这一语文教育思想的来源，除了近现代从西方传入的实用主义等理论以及自由、民主、平等的政治思想以外，还必须提及在中国文化史上占据举足轻重地位的两个派别及其相应的思想和活动——20 世纪初叶兴起的学衡派和作为乾嘉学派分支的扬州学派。

柳诒徵 50 岁生日时与弟子合影。前排左起分别为范耕研、王焕镳、景昌杉、全文晟、柳诒徵、陈训慈、周雁石、郑鹤声、谢焕文；后排左起柳屺生、钱坤新、袁鹏程、缪凤林、张其昀、沈思屿、许文玉。

学衡派是反对新文化运动的文学复古流派。其代表人物为当时国立东南大学(1949 年更名为南京大学)的教授梅光迪、吴宓、胡先骕。他们反对新文化运动，认为文言优于白话，觉得白话是“以叙说高深之理想，最难剀切简明”，极力主张言文不能合一。以范耕研的老师柳诒徵为南雍双柱之一(另一为王伯沆)的南京大学,是现代儒学复兴的策源地;以其为国学支柱的学衡派,成为后世新儒家的学术滥觞。《学衡》杂志上的文章可分为四类:一是批判新文化、新文学运动的论文;二是对新人文主义的译介;三是关于文史哲的专题研究;四是旧体诗词文赋的刊登。但是,在学衡派眼中,教育的功能包括养成"治事治学之能力"和"修身之志趣与习惯"。二者并重,缺一不可。他们所谓教育的目的在于使受教育者成为德智体美全面发展的新时代的国民。它不仅反映了对欧战的反省,而且反映了对国情的深思。他们还突出能力培养,而要实现这一点,在教育思想与教育观念上必须注意以下几个问题:其一,注重宏通教育,避免学生的知识结构失之偏狭。其二,"适应学生个性",即课程结构、人才培养的规格不能模式化,而是因材施教,人尽其才。其三,注重教学方法和学生的科研训练。学衡派从教育的目的在于培养健全的人格,即德智体全面发展的国民这一根本的教育理念出发,强调学校教育应突出学生的能力培养,并进而提出了尊重学生的个性发展,改革现有的学校课程结构,注重文理渗透,开拓学生的视野,优化知识结构等主张。

范耕研的治学和教育活动也受到了学衡派的重大影响。在札记部分,作者说道:"自后王以科举皋牢一世,而学问降为功利之饵:其有之,必豪杰之士出乎其类者也。异哉!今科举已罢,而犹有贱丈夫喷其毒焰,肆其口说,以便其私,直不欲使学者知学问为何物:此亦无侪教学国文之耻也。"又说:"国文者,造岸之筏而已,寄书之邮而已。"一方面痛陈科举制度对学生的毒害,一方面又为语文教育重新定位,符合新时代对语文教育的诉求。这些主张和学衡派的理论主张达到了高度的契合。

乾嘉学派,又称"乾嘉之学",是清代的一个学术流派,以对中国古代社会历史各个方面的考据而著称。学派的主要创始人是明末清初的大儒顾炎武,其后主要代表人物有阎若璩、钱大昕、段玉裁、王念孙、王引之等。乾嘉学者搜集钩沉,辑佚许多亡佚的文献典籍,例如马国翰的《玉函山房辑佚书》,辑出经部432种,史部8种,子部152种。学派研究的对象上至天文地理,下至各朝规章制度的细节,虽然因清代盛行的文字狱而避免涉及与明、清有直接关系的事物,有一定的压抑新思维和脱离社会的缺点,但是由于百余年间一大批饱学之士刻苦钻研中国传统文化，“繁称千言，始晓一形一声之故”，因此对于研究、总结、保存传统典籍起到了非常积极的作用。扬州学派是乾嘉学派的重要分支，其研究将乾嘉汉学推向巅峰，并在历史转折时期开启了近代学术之先河。焦循是扬州学派的代表人物之一。字理堂，世居江都北湖黄珏桥（当时属扬州府甘泉县，今为邗江区黄珏桥镇）。他出身寒微，一生以家塾授徒为业。他的一生可以“读书”“著书”四字为概括，曾有以田产换书，夫人以首饰为他买书的典故。他是一位学识渊博的通儒，在经史、历算、文学、戏曲艺术等方面都有较高的造诣。在经学方面，他以训诂入手以求通达义理，于《论语》《周易》《尚书》《毛诗》《左传》《礼记》都有补疏。尤其对《周易》一书的研究更为独特。他以数学原理中的演绎法施于《易》学研究之中，“以测天之法测易”“以数之比例求易之比例”，即把天文数学中的数量关系原则用到哲学领域，寻觅《易》学内部规律与联系，获得突破性的进展。清除了两千年来特别是宋以来对《周易》的许多误解，为从来治《易》之人所不及。王引之称他为“凿破混沌，扫除云雾，一一推求，至精至实”。他的戏剧理论集中在《花部农谭》一书中。花部即云集扬州的各种地方戏曲，焦循将花部与雅部（即昆曲）进行比较研究，认为花部词意直质，妇孺能解，且多忠孝节义，足以动人，加之音调慷慨，激发人心，所以他很为赞赏。在地方史志方面，他完成了《扬州图经》和《扬州足征录》二书，体现了他的史学才能。

范耕研受乾嘉学派的影响，从其对焦循的推崇中可见一斑。他在扬州中学执教期间，对焦循佩服之至，对其人及其著述进行了认真而深入的研究。1937 年 5 月，完成了《江都焦理堂先生年表》一书的编著。关于编著的目的，他说：“扬州文教，自古称盛，乾嘉间尤灿烂，北湖一老，岿然为儒者之宗，至于今亦稍稍替矣。余感先生之学之博，与夫为学之勤，足以为今世界人风也，发愿为之年谱……竭十日之力，钩稽排比，成稿五十八页，成一卷，粗见先生行迹及其学术大概。”由于日寇侵华，书稿未能及时付梓，后来由其哲嗣范震先生趁回大陆探亲之便，将其手稿详加校阅后交台北文史哲出版社出版问世。全书除《年表》外，附有《理堂著书目》《江都北湖焦氏世系图》《理堂年表节本》《读焦理堂先生簋孟日记》，是研究清代乾嘉时期扬州学派杰出人物焦循的宝贵文献。

回顾范耕研先生的生命轨迹，厘清其在治学和教育上的重要思想，笔者更加清晰地认识到这位出生于19世纪末，几乎将毕生精力都奉献于教育事业的教育界先驱，和现时代我们所熟知的提出“工具论”的叶圣陶等教育家一样令人敬佩。其思想不仅体现了当时的思想风潮，还注意到了对中国传统文化精髓的继承和发扬，避免走上矫枉过正之路。不仅引领着当时语文教育的时代风潮，即使在现时代也有其鲜活的生命力，而且对于后世的语文教育依然存在巨大的指导意义。

参考文献

[1] 张震南，王范矩，范耕研，等. 中学国文述教[M]. 上海：商务印书馆，1927：41-42.

[2] 张震南，王范矩，范耕研，等. 中学国文述教[M]. 上海：商务印书馆，1927：42.

[3] 张震南，王范矩，范耕研，等. 中学国文述教[M]. 上海：商务印书馆，1927：77-80.

[4] 张震南，王范矩，范耕研，等. 中学国文述教[M]. 上海：商务印书馆，1927：137.

[5] 马超骏. 淮安文史资料：淮安名人上册（第十七辑）[M]. 淮安市政协文史资料委员会，2001.

[6] 佚名. 淮阴文史资料：悠悠赤子情（第五辑）[M]. 政协淮阴市委员会文史资料研究委员会，1986.

[7] 万陆. 试论魏禧“积理·练识”说的思想实质[J]. 江西社会科学，1982(5).

[8] 张汝伦. 智慧的探索——中国哲学·1995[M]. 上海：上海人民出版社，1996(1).

[9] 张震南，王范矩，范耕研，等. 中学国文述教[M]. 上海：商务印书馆，1927：64.

[10] 张震南，王范矩，范耕研，等. 中学国文述教[M]. 上海：商务印书馆，1927：5.

[11] 范耕研. 江都焦理堂先生年表[M]. 台北：文史哲出版社，1982.

人文教育:传统与现代的交融

——鲍贵藻语文教育思想研究

朱红芳

鲍贵藻先生,字芹士、勤士,号岛公,仪征人,1867年生于一个中医家庭,自幼聪颖,十六岁入庠即中秀才,号称神童子,并为廪、贡生。后留学日本,于东京弘文学院学习师范科、博物专修科,兼修警务科,并与徐公美轮流担任江苏省同乡会主席。

1906年,鲍贵藻先生加入同盟会,归国后为民主事业奔走奋斗,中华民国成立后,先后曾任江苏省议会副议长、议员。1913年因宋教仁被刺事件弹劾江苏警察厅长触怒权贵,且因响应孙中山护法,与军阀关系日益恶劣,遂绝意于政治与名利,投身教育事业,任南京民国大学教授、南京民立中学教师。

1925年,鲍贵藻先生受聘为江苏省立第八中学校长并执教。因其与共产党人接触频繁并支持广大师生罢课、罢教,为当权者不容,被迫辞去校长职务。此后十余年间,历任仪征县十二圩扬子盐栈传习所所长,十二圩扬子初级中学名誉校长,江苏省立第五师范学校、江苏省立栖霞乡村师范、省立徐州师范、扬州中学教师,江苏省教育厅秘书兼公报主任,扬州私立正谊中学名誉校长。

1937年12月日军占领仪征县城，鲍贵藻先生被推举与日军理论，被贼寇打倒在地，幸免于死。1938年秋，他愤然离仪，前往暂居于上海租界的扬州中学(即沪校)执教。1941年，太平洋战争爆发，日军进入上海租界，沪校被迫改名为慈淑补习馆，鲍贵藻先生临危负责，使应届毕业生得以完成学业。1942年秋，慈淑补习馆停办，时年76岁的鲍贵藻先生前往海安紫石中学任教，后因反扫荡，紫石中学搬迁，先生不宜舟车劳顿，遂离该校。

1943年春，鲍贵藻先生前往姜堰参与组建江苏省立第四临时中学并执教国文，任文书主任。1945年8月抗战胜利后，鲍先生回到扬州中学开讲国学。1949年解放后，政府出于对鲍先生的爱护，请其退休安享晚年。随后，鲍贵藻先生历任仪征县第一至第六届各界人民代表会议代表、常委会委员，苏北首届人民代表会议代表，苏北政治协商会议文化教育委员会委员，依旧为教育事业贡献自己的力量。

1952年12月20日，鲍贵藻先生在仪征县的抗美援朝声援会上号召父老，激愤过度以致晕厥，于当天夜里逝世，享年86岁。

鲍贵藻先生博学善文，诗词歌赋、碑铭序跋皆擅，不仅有极深的国学造诣，亦擅长白话文。鲍先生笔耕不辍，著作等身，主要有《小知不足斋文存、诗存》四卷、《小知不足斋酬世文存》、《文字学》、《文体通释》、《国学概论》、《国学必读》、《国学常识》、《经济学纲要》、《杂著》、《联语》等。可惜这些著作在“文革”中大多散佚，但通过残留的只言片语，亦可看到鲍先生实乃抱玉握珠。

纵览鲍贵藻先生的一生，留学日本即修师范科，归国后短暂从事政治活动，之后投身于教育事业，几十年如一日在讲坛上耕耘。据其学生回忆，鲍先生讲课既重风格文采，又重思想内容，准备讲义、批改作业极其认真，寒冬腊月也要工作到深夜，是当时扬州中学的名师。学生至今回忆起他，犹心潮起伏、感慨万千，对其课堂教学交口称赞，称其为近代扬州著名的国学大师、教育专家。

鲍贵藻先生早年从政，后来弃政从教，自1907年从日本归国到1949年83岁退休，都是以教师工作为主。他身体力行，把在日本所学的现代师范教育用于中国，为推行新式现代化教育而不懈努力，他是五师和八中最早的教师，也是扬州中学早期栋梁。鲍贵藻先生一生甘作园丁，辛勤培育学生，勤俭节约，谦身自守，为人正直。在教学中，他重视基础教育，与学生保持良好的关系，将教与学有机地融合在一起；课堂之外，他始终高标准地要求自己和同事，以求达到教与研齐头并进；鲍贵藻先生生于清末，却并不守旧，始终坚持着兼容并蓄的理念，将文与言紧密结合，使传统文化和新文化形成了积极的互动；更重要的是，鲍先生顺应时代的潮流，紧紧跟随着先进的观念，并竭力向学生传播，做到了文与道的交融。

一、九仞之高，不难渐积："教"与"学"的结合

鲍贵藻先生所处的时代，正是教育由传统向现代转变的时期。传统教学方式中，教师和学生处在不对等的地位。恰若许慎在《说文解字》中对"教"的解释："上所施，下所效也。"[1]这样的教育方式将教师和学生割裂为两个部分，抹杀了学生的主观能动性。近代社会的大变革促进了教育思想的变革，教师和学生的地位在教学中逐渐被视为同等的重要。如陶行知在这一时期提出了"教学做合一"的方法，主张教的方法要根据学的方法，学的方法要根据做的方法，教师在传授知识过程中将"教"与"学"融合起来，做到教学相长。[2]鲍贵藻先生在教学实践中也注重教与学的结合。

1. 注重因材施教

自孔子以来，因材施教便被不断提倡，鲍贵藻先生则是一位出色的践行者。更难能可贵的是，他对待每一个学生，都竭力做到了因材施教。鲍先生每两周上一次作文课，他对作文内容并不做过多要求，常常是讲过作文起承转合方法后就任由学生发挥，并且鼓励学生各尽所能。曾有一位闵姓同学喜爱六朝骈文，作文开头写到"夫桃花艳面，随流水以飘零；柳叶修眉，历东风而憔悴"[3]，鲍先生不太喜欢这种华丽的词句，但他并未轻率指责，只是请该同学多阅读六朝《别赋》《恨赋》《小园赋》一类情感真挚的作品。袁鹰曾模仿一些宋词写了几篇"强说愁"的伤春悲秋作品，鲍先生认为此方法不可取，要求他学习苏东坡、辛弃疾的写法。王文允初学诗词的时候，对格律了解不多，鲍先生多次批改他的诗词，并精心加注批语，每当发现他对填词有所心得的时候就鼓励他进一步钻研以提高写作水平，使他很快掌握了作诗词的

要领。三位同学都是学习习作，但针对不同的人，鲍先生采取了不同的方法，其原因盖是三人性格不同，故鲍先生方法亦有不同，注重因材施教，颇有孔子遗风。

2. 注重培养学生的进取精神

高效的教学，不仅要教师针对学生的情况设计不同的教学方案，更需要学生努力进取，积极与教师互动，才能达到教与学的和谐。故而，教师的职责除了传授知识，也要教导学生做人，指导学生有进取精神，使其积极同教师授课节奏相协调。鲍贵藻先生曾在讲解《荀子・劝学篇》中"青，取之于蓝而青于蓝；冰，水为之而寒于水"时，对学生深情地说："你们是从前辈身上学习知识的，这叫取之于蓝，将来必能超过前辈，这叫青出于蓝，但是一定要勤奋刻苦，不刻苦努力也是不成的啊！"[4]鲍先生赠于江山同学一段序言，提到"盖天下事不进而退，为山且然，况为学乎……今夏初中毕业，犹之为山已覆一篑也，吾愿江子由此进而益上，则九仞之高，不难渐积"。[5]可见鲍贵藻先生对学生不断进取的殷切希望之情。

3. 注重同学生保持良好的关系，从而达到教与学关系的和谐

鲍先生曾说，教师的言行举止会对学生产生示范作用，教师应该用春风化雨、润物无声的关爱促进学生成长。他一直和学生保持着良好的关系，这种关系具体表现在两个方面。一方面，师生亦师亦友，双方平等交流。鲍先生在课堂上总是平易近人，同学们已算他的孙辈，但他依然对大家客客气气、和颜悦色。曾有一次他在课堂上点名，遇到有人缺课，一位李姓同学调皮地模仿鲍先生的扬州口音起哄，全班哄堂大笑，鲍先生也不责怪，仅仅抚髯莞尔。鲍先生每教一个班，会挑选每个同学的一篇习作装订成册以作纪念。曾有一个班毕业时，鲍先生向每人赠送他的半身照片一张，并书以"鲍贵藻敬赠"，可见鲍贵藻先生与同学们亦师亦友，关系非常融洽。另一方面，关爱学生。鲍贵藻先生对待学生，就像自己的子女一样爱护。鲍先生在沪校授课时，曾有一位华侨胡同学远离南洋至沪求学，借住于亲戚家中，后因故无法居住，危难之中鲍先生伸出了援手，帮她在教室旁边安排了一间小屋住下。1946 年，扬中高中毕业班学生在争取升学录取率方面与学校当局产生矛盾，引发了罢考事件。事后在校务会上商讨对学生代表的处理方案，鲍

先生慷慨陈词,力排众议,竭力保护学生代表。此事足见鲍贵藻先生对学生的关爱。

从鲍贵藻先生的生平可以看出,他穷毕生之力教书育人,自走上讲台起,他就重视将教与学结合起来,根据学生学的情况设计教的方法,根据教的需求敦促学生学习。他曾做《新扦月季开花》七律一首:"怜尔无根离母干,且将沃土覆新芽。墙阴蔽日经三月,盆盎临风着一花。嫩绿长成含宿雨,嫣红吐出似朝霞。人才培植当如是,努力春华后望赊。"[6]这首诗似讲月季,其深层含义却是人才培育。鲍先生以至诚之情倾诉了他的志趣和抱负。他认为教育初涉社会的中学生应像栽培新扦的月季一般精心覆土培芽、百般呵护,只有按照月季的习性培育,才能让学生茁壮成长,否则必然不会成功。"努力春华望后赊"一句更能看出鲍先生献身教育事业、奉献自己的全部精力培养每一个青年的愿望。

二、愈难愈进,愈挫愈奋:"教"与"研"的结合

与传统的教学往往凭借经验不同,鲍贵藻先生虽然生于晚清,却无旧式文人迂腐的思想,他不仅授课,更注重对教学内容、教学方法的研究。他曾著有《文字学》《文体通释》等,对语文教学的字词、文体、文章作法从理论角度进行了研究,并将研究的成果应用于教学中。

1. 鲍贵藻先生将教与研紧密结合的最鲜明特征就是重视基础教育的理论,并且在教学中将其实践

鲍先生历任仪征县十二圩扬子盐栈传习所所长,十二圩扬子初级中学名誉校长,江苏省立第五师范学校、江苏省立栖霞乡村师范、省立徐州师范、扬州中学教师,扬州私立正谊中学名誉校长。这些学校基本都属于基础教育的范畴。鲍先生曾高度赞扬陶行知重视基础教育的理念,并号召扬州中学的教师向陶行知学习。事实上,鲍贵藻先生用一生践行了基础教育。早年的好友马相如、蔡元培等人已名震全国,但鲍先生却不计较名利,埋头于基础教育,为扬州中学贡献自己的力量。他身体力行,把在日本学得的现代师范教育用于中国,为推行新式现代化教育而不懈努力。在扬州中学发展的过程中,鲍贵藻先生从学校开办直到83岁退休,一腔热

血献给了学校。同时,他也是五师和八中草创时期最早的教师之一。清朝末年,仪征书院停办,改为仪征第一高等小学,缺少能教新学的教师,鲍先生毅然参与其中。鲍贵藻先生关于基础教育的著作未能流传,但从他的生平中,可以看出他一直将基础教育的理念贯彻于教学工作中。在这实践的过程中,鲍先生应当也在不断调整自己对基础教育的理解,从而使之更契合教学的实际情况。

2. 鲍贵藻先生注重从事教学研究,不断提高自己的教学水平

鲍先生贵为国学大师、教育专家,却从未放松提高自己的水平。据其后人鲍阳明回忆,鲍先生晚年家中藏书近万卷,每卷都有红笔圈点,注了又注。战争时期交通不便,旅途艰难,鲍先生前往紫石中学,身无长物却携书八车,自谓教学参考之用,此时鲍先生已七十六岁,仍孜孜不倦刻苦攻读,可谓手不释卷。假期休息之时,鲍先生每日清早便端坐桌前练习小楷,每日习练千余字,从不间断。对于教学,鲍先生亦极用心。他在教学中经常调整课文,编写新教材。据鲍详明回忆,他曾在鲍贵藻先生八十余岁时与之同住,老人每天晚上除了备课,就是写文章,最常做的事情就是整理讲义,将讲义中的错讹或不足之处改订修正。

在教学和科研过程中,鲍贵藻先生特别严谨,正是这种态度,使得他能将教与研完美地结合起来。在同事与学生的回忆中,鲍先生是一个工作严谨的人。他所编写的讲义,即使缮写过程中只有一个错字,也要在印好的讲义上用工整的小楷红字逐份更正。若讲义仍未刻印,年事已高、视力不佳的鲍先生就把蜡纸贴在窗户玻璃上订正。八十多岁的时候,鲍先生依然会在每天夜里整理讲义,将旧讲义中不合适地方更改,重新排序编定。所以,他发下的讲义质量极高,且从未有错字。课堂教学中,鲍贵藻先生也十分严谨。他讲课十分认真,不但说理通透,而且表达生动,极富艺术特色。特别是在讲解诗词的时候,鲍先生在课前会精心准备,花大功夫解释字词的意思,以保证解释的准确性。比如鲍贵藻先生将《关雎》中“钟鼓乐之”的“乐”字读为音乐之乐,而非快乐之乐,如此便理解为赞颂和迎接之意,一字之释,便将全诗推入雅境。对于课后的作业,鲍先生批改也极其认真。他的课堂作业一般是作文,每天夜里,鲍先生都仔细阅读学生的习作,并用红笔做大

量的眉批和总批,很切合学生写作上的问题。鲍先生改文章皆有出处,每处改动的地方,后面都会加注释,或说明引用材料的出处。

3. 在提升自己的教学和科研水平之余,鲍贵藻先生还注重帮助同事提高水平

1947年,扬州中学举办了一次教师教学问题座谈会。鲍先生强调"办学情况如何,主要在于教师的人品和学识素养"[7],他指出教师的生活举止、一言一行都对学生和员工产生示范作用,扬中是培育英才的学校,教师学生表现一般化,没有创新精神是不行的,教师要有把教书育人做到最好的志气,唯有实事求是、稳步前进才能让自己无愧于教师的身份。而学识素养的提高,只能通过读书、研究以及学习先进经验等方式。这一提高的过程,实则就是科研的过程,而科研最终也必然要回归到教学中才能得到真正的实践,唯有教与研相结合,才能让教学的质量不断提高。将教与研相结合的过程具有一定的挑战性,因此,鲍先生号召诸位老师"愈难愈进,愈挫愈奋"。[7]可见,鲍贵藻先生在重视自身教与研结合的过程中,也竭力帮助同事做到这一点。

三、兼容并包,思想自由:"文"与"言"的结合

鲍贵藻先生少年时代接受了系统的中国传统教育,但其并未被儒家思想所束缚,在课堂中,诸子百家无所不包,并以时代的眼光解释传统文化,将传统的文言文与新兴的白话文结合在一起,采纳百家,主张学术自由,使课堂兼容并蓄,博采众长。

号召白话文的使用是近代中国语文教育界最重要的转变之一。蔡元培曾说"国文的问题,最重要的就是白话文与文言文的竞争"。[8]白话文与文言文的竞争背后蕴含的,则是传统文化与新式文化的激烈对抗。20世纪初,对待传统文化的观点有两个明显的派别。一派是以五四运动为代表的激进派。他们认为中国传统文化是导致中国落后的根本因素,所以喊出了"打倒孔家店"的口号,甚至有激进者认为汉字都是落后的,提出了用拼音文字取代汉字的设想。另一派则是保守派。科举制废除、新式学堂兴起后,他们赖以生存的儒家学说的地位受到质疑。动荡的政局和混乱的社会使他们相信

其原因就在于失去了对传统文化的继承。所以,他们对新的、外来的事物多持排斥态度。如王国维一生留辫、忠于清朝。鲍贵藻先生生于清朝却不保守,留学海外却不激进,折中谦和,兼容并蓄,博采众长,超出了很多同代人。简而言之,鲍贵藻先生教育思想兼容并蓄的特点表现为以儒家文化为主体,兼采传统文化的精华,通过对学生实际情况的考量,结合现实,动态调整自己的课堂内容,从而使课堂知识性和时代性并存。

鲍贵藻先生赞同蔡元培"兼容并包,思想自由"的观点,认为中国古代春秋战国时期诸子百家争鸣才促成了当时灿烂的文化,故他虽是一位鸿儒,却不拘囿于儒家文化,在课堂上讲授文言文,也不排斥白话文,编写的讲义采纳百家,支持学术观点之间的互相争论。

这一时期从事教师职业的宿儒往往秉持着旧式的教学方法,在课堂上以文言文教学为主,较为刻板、严肃。但鲍贵藻先生却认识到在新时代,必须改变教学语言才能让课堂效率更高、符合时代发展的潮流,故其课堂讲授风格与前人,甚至同时代的人相比,表现出明显的进步性。据学生回忆,鲍贵藻先生授课时大多以白话文来讲解,并且精神矍铄,嗓音洪亮,引经据典,出口成章,几乎将五官四肢全用到了出神入化的地步,甚至有时大声吟诵,以至于手舞足蹈,使学生和他一起陶醉在精湛的艺术境界中。当时有诗称赞鲍先生云"宿儒已备鲍张范,名彦还罗汪二丘。都是飞花莲舌妙,生公说法亦能侔"。[9]鲍先生位居名师之首,其授课被誉为舌灿莲花,可见其授课时极其生动。归结鲍先生授课生动的原因,盖因为他紧跟着时代,并使用了符合学生日常使用习惯的白话文,从而使课堂的交流更为容易,提高了课堂的效率和趣味性。

此外,除了在课堂教学中做到了"文"与"言"的结合之外,鲍贵藻先生更是从宏观上使传统文化和现代文化达到了兼容并蓄的境界。鲍先生青年时期前往日本留学,系统地学习了师范科的课程,对近代西方和日本的教育理念有较为系统的了解,这些都在他的教育思想中有所体现。1946 年扬州中学教师座谈会上,鲍先生指出"当前谋求学校的复兴,需要年轻一些的教师,需要精力充沛,敢想能干,朝气蓬勃的各类人才"。[10]他对担任土木工程专业教师的王宗炜老师大加赞赏,可见鲍先生虽教授国学,却不以国学为尊,而是主张各门学科共同发展,并且重视青年教师的作用,这与他在日本留学的经历是分不开的。此外,鲍贵藻先生还特别推崇陶行知。他认为陶行知是一位敢闯敢为的创新者,备尝艰苦办起了多所乡村学校,竖起了中国平民教育的一面大旗,学习陶行知很有益处。可以看出,鲍先生赞同平民教育的观点,并且提出了学习陶行知"捧着一颗心来,不带半根草去"的理念。这鲜明地体现了,在宏观层面,鲍先生做到了传统文化与现代文化的结合,其教育思想有古有今,有中有外,做到了古今结合、中西交融;在微观层面,鲍先生在课堂中做到了"文"与"言"的结合。

四、史亦了然,势亦了然:"文"与"道"的结合

中国素来有"文以载道"的传统,语文教学必须要承担树立一定的社会伦理价值观的责任。这一观点亦得到了鲍贵藻先生的认可。不同之处在于传统的语文教学所载之"道"是封建伦理之道,是被时代所抛弃的旧道德。鲍贵藻先生在这一时代的变革期,跟上了变革的浪潮,他在日常的教学中贯彻了道德教育。

据袁鹰回忆,鲍贵藻先生曾在课堂上给他讲过学习古文的意义:"现在你们进高中,我要给你们讲一些稍微深一点,说一点道理的好文章,不仅对作文,而且对做人都有益处的好文章。有些文章不光要用心背诵,还要用脑子多思考,有的文章词藻并不漂亮,但是道理深,希望你们认真学。"[11]在鲍先生看来,学习古文的意义就在于通过文字感知其中蕴含的道理,而非单纯的背诵。

鲍先生早年参加同盟会,立志救国于危难之中,后因军阀黑暗,愤而弃政从教。他身处三尺讲台,却从未将国家置之脑后。鲍贵藻先生生活在一个时局动荡的时代,他经历了辛亥革命、抗日战争、解放战争,但他不同于一些守旧的耆老,而是始终跟随着时代的潮流前进。1942 年,鲍贵藻先生曾在紫石中学登台演讲,他以《阅微草堂笔记》中不怕鬼的故事为例,将中外法西斯比作鬼,慷慨举拳,高呼"打鬼,打鬼!"爱国之情一览无余。在给学生上课时,他也注重爱国情感的培养。抗战期间,他曾选杜甫《春望》一诗给学生讲解,阐释"国破山河在,城春草木深。感时花溅泪,恨别鸟惊心"时由环境讲

至心境，声色俱动，剀切时意，宛如一首流亡者于战乱中的痛切呻吟，学生听之无不潸然泪下。解放战争开始后，鲍贵藻先生明确地指出“史亦了然，势亦了然，未来自亦了然”[12]，认为国民党反动派做了太多伤天害理，亲者痛，仇者快的事情，而共产党却救人民于水深火热之中，解放区的生活呈现出一片欣欣向荣的场景，此时正是“海日生残夜，江春入旧年”的时候，历史选择了共产党，国家的一切就要万象更新了。鲍先生是同盟会的元老，却在历史抉择的时候选择了共产党，他虽不是马克思主义者，却是站在人民大众身边的人。他从全民族的大局出发，维护人民和学生的利益，不追求个人名利，勤俭廉洁，谦身自守，安于教学，为人正直，将自己满腔的政治热情倾注在三尺讲台上，向学生宣扬积极进步的思想。他所宣讲的文字，和他的行为互为注解，使学生能对书本中所学的“道”有深刻的理解，并能效仿鲍贵藻先生，将之践行。

1949 年，鲍贵藻先生已 83 岁高龄仍耕耘于教席，政府念其年老，请其退休安享万年，他依然担任了一些职务，如苏北政治协商文化教育委员会委员，为教育贡献自己的力量。1952 年，鲍贵藻先生在仪征县人民声援抗美援朝的大会上高呼“有钱出钱，有力出力，抗击美帝，支援朝鲜，为保卫祖国的独立而战”[13]，竟因激愤过度而仙逝。纵览鲍先生一生，政治始终未曾离开他的视野，虽未能居庙堂之高亲涉政务，却于讲台上将自己的拳拳爱国之心展露无余。他通过文字向学生传授道德的蕴意，更通过行为让学生有一个践行的榜样。更难能可贵的是，鲍贵藻先生紧跟时代潮流，接受了民主共和，更认清了党筚路蓝缕为人民奋斗的艰辛，他始终站在时代发展的潮流之上，用自己的言语和文字，向学生宣扬进步的思想，做到了“文”与“道”的结合。

鲍贵藻先生仙逝已六十余年，他的一生，为教育事业鞠躬尽瘁，呕心沥血。我们现在怀念他，不仅仅要了解他的生平，学习他的教育思想，更要将他优秀的教育思想融入我们的学习工作中，这才能真正传承鲍贵藻老先生的精神，把扬州中学建设得更好。

参考文献

[1] 许慎. 说文解字[M]. 北京：中华书局，2013：64.

[2] 华中师范学院教育科学研究所. 陶行知全集(第二卷)[M]. 长沙：湖南教育出版社，1985：41-43.
[3] 江苏省扬州中学鲍勤士先生纪念会. 鲍勤士先生纪念集[M]. 扬州：扬州中学，2010：27.
[4] 江苏省扬州中学鲍勤士先生纪念会. 鲍勤士先生纪念集[M]. 扬州：扬州中学，2010：69.
[5] 江苏省扬州中学鲍勤士先生纪念会. 鲍勤士先生纪念集[M]. 扬州：扬州中学，2010：70.
[6] 江苏省扬州中学鲍勤士先生纪念会. 鲍勤士先生纪念集[M]. 扬州：扬州中学，2010：141.
[7] 江苏省扬州中学鲍勤士先生纪念会. 鲍勤士先生纪念集[M]. 扬州：扬州中学，2010：9.
[8] 沈善洪. 蔡元培选集(下)[M]. 杭州：浙江教育出版社，1993：1071-1074.
[9] 江苏省扬州中学鲍勤士先生纪念会. 鲍勤士先生纪念集[M]. 扬州：扬州中学，2010：4.
[10] 江苏省扬州中学鲍勤士先生纪念会. 鲍勤士先生纪念集[M]. 扬州：扬州中学，2010：8.
[11] 江苏省扬州中学鲍勤士先生纪念会. 鲍勤士先生纪念集[M]. 扬州：扬州中学，2010：26.
[12] 江苏省扬州中学鲍勤士先生纪念会. 鲍勤士先生纪念集[M]. 扬州：扬州中学，2010：15.
[13] 江苏省扬州中学鲍勤士先生纪念会. 鲍勤士先生纪念集[M]. 扬州：扬州中学，2010：3.

“要求合理的语文教学”[1]

——于在春语文教育思想研究

汤 洵

于在春(1909—1993),曾用名于禹孙,字熙台,笔名载琼、高则明、于是、过江鲫、宋聚珍、太一、青初等,祖籍江都县瓜洲镇(今邗江县瓜洲镇),宣统元年闰二月初九(1909年3月30日)出生在江苏省丹徒县(今镇江市)。当代语文教育家、古诗文普通话翻译家、优秀的编辑工作者。

于在春先生在二三十年代之际,便从事语文教学,先后曾在江苏省立淮阴师范、太仓师范、南通中学、扬州中学沪校、上海中学执教。其后入之江大学沪校、上海新闻专科学校、南京大学教授多种课程,也包括基本国文。

于在春先生一生经历了“五四”、抗日、国共内战、“文革”浩劫这四个关键的历史时期。他的语文教育思想是在反思传统教育、考察实时教育和探索教学变革的过程中形成的,这是一个不断发展和完善的过程。他的教育思想尤其是“集体习作”思想曾受到著名教育家叶圣陶和顾黄初先生的褒扬。于在春的学生芮和师先生也充分肯定了于在春论著的价值,他认为于在春的著作“虽然经过半个世纪,但并未‘已为陈迹’,读来不仅让我们认识当年先行者们披荆斩棘,给我们留下的足迹,而且由于目前语文教学改革正在深入,于先生当年的实践,在许多方面有其创造性,至今对细心的读者,仍有这样那样的启发，有其生命力。现在是我们认真研究于先生经验的时候了”。[2]

由于年代久远和战祸影响，于在春先生的作品保存量较少，他的论文主要以文章选编的形式分布在一些教育文集中。顾黄初和李杏保先生编著的《二十世纪前期中国语文教育论集》选编了于在春的《“集体习作”》(原载于 1946 年《国文月刊》第 48 期)，1993 年 4 月，由芮和师主编的《于在春语文教学论著选》由江苏教育出版社出版，全书分为“语文教学合理化”“首先是识字”“文章作法的教学”“习作辅导”“对译练习”和“标点用法”六个章节，集中收录了于在春先生的文章，全面反映了于在春在语文教育研究和古典文学译注等方面的探索和功绩，为研究于在春先生提供了大量的宝贵资料。

于在春先生曾提出为了所谓国文程度，为了语文本身的前进和改革，我们“要求合理的语文教学”。综观于在春先生的语文教育思想，可以归纳为以人为本，平等尊重；技术第一，尚工具性；古为今用，读写结合；合作探究，多向互动这四个方面。

一、以人为本，平等尊重

教育者的学生观影响着教育者的工作态度和方式，也影响着教育对象的学习态度和行为。树立良好的学生观是开展语文教育的第一步，深刻影响着语文教学的效率。于在春先生以人为本、平等尊重的理念贯穿在他的语文教育理论和实践中。

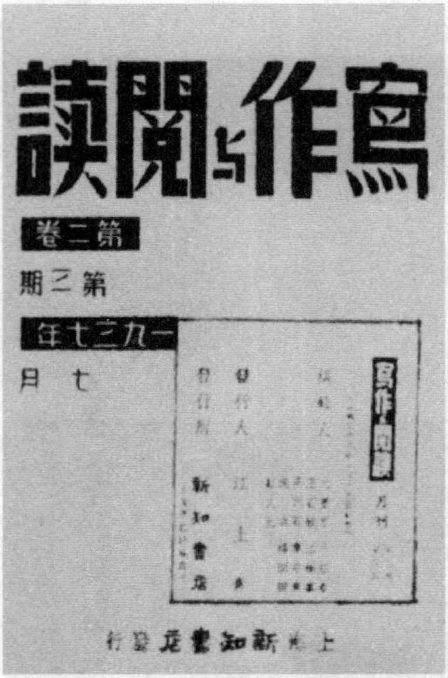

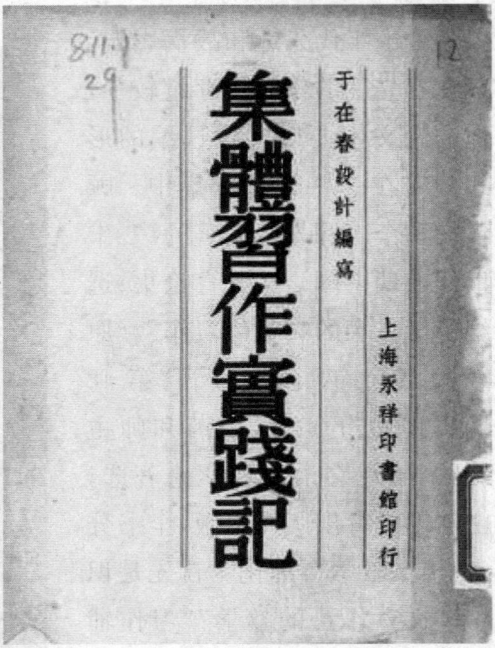

（一）贴近学生的心灵

于在春认为学生们自己的心是一个个丰富的宝藏，儿童腹中并不寒俭，他们有他们的心凹处，“儿童所自有的东西虽不与成人的相同，他们的心凹处虽不是成人的那样的，然而他们不但都有，而且所有的都美、都善、都真”[3]，那些认为儿童腹中空空如也的人无疑忽视了儿童的个性心理。正因为儿童拥有这般充实美好的心灵，所以于在春主张写作也应该从儿童的观点出发。于在春非常赞美儿童发自内心的写作，他认为“在儿童的晶明的眼前，一切完全赤裸着，一切的美、一切的善、一切的真完全原形地呈现着。现在让他们自己来写。因为他们心的澄澈和手的清洁，虽然经过了他们的心和手，一切还完全是原形的给表现在纸上。这应当是文学的最高型”[4]“越是稚气的，越是澄澈无感的”[3]，于在春这样评价儿童的习作。以学生的习作《扫墓》为例，此文并无成人扫墓的哀痛，只有儿童笔下的“热闹”，于在春不觉得这样的写法不合适，他反而觉得儿童笔下的东西可爱、够味儿和迷人，因为够真实。于在春意识到了解学生的重要性，也在自己的阅读和写作教学中努力践行,正因为他对儿童心灵的了解和关爱,所以学生非常喜欢他,对国文课充满了兴趣。

(二) 引诱学生的创造力

“夫子循循然善诱人。”(《论语·子罕》)“君子之交,喻也。道而弗牵,强而弗抑,开而弗达。”(《学记》)“诱”即诱导,“喻”即启发使其晓喻,都阐明了启发诱导的重要性。于在春继承了这一传统语文教育思想的精髓,强调循循善诱,并深受“五四”新文化运动、“自由主义”教育思潮和杜威“儿童中心主义”的影响,重视儿童的兴趣和自由。

在《文字的自由画》序言中,于在春特别强调对学生的启发诱导。他说:“我的题目只在引诱他们该写什么,诱导他们的创造力向一个丰富的范围里自己去找创作的对象,并不命令或者强迫他们怎样做以至于妨碍了他们的‘自由’。”[5]“按照‘自由画’的说法,教师不该命令儿童画什么,应当诱导他欢喜画什么,要诱导他的创造力自己去找创作的对象,不该先给一个对象而强迫他的创造力。”[5]于在春的作文命题只是开启学生智慧的导火索,而于在春自己则是学生学习的引路人,学生的思想在自由的世界里徜徉,因为不受压迫和牵制,所以创造力被很好地激发出来。“题目出了以后,我从不供给任何材料,除了适应需要对于题目字面加一点说明以外,我总是沉默着不去扰乱那些沉思者们的。”[6]于在春先生更像是个孩童心灵的倾听者,尊重儿童的意愿,保障儿童的自由,在他的世界里,压迫、勉强和命令都是对儿童心灵的摧残,都违背了儿童身心成长的自然规律,而尊重和诱导才是开启儿童精神世界的宝贵钥匙。

二、技术第一,尚工具性

关于语文课程性质和目的历来多有争论,于在春在这方面坚定自己的立场,他始终主张国文教学的主要目的是工具的授受与练习应用,将形式训练作为国文教学的主要目的,精神训练作为次要目的,站稳了语文课程和教学的脚跟。于在春曾称当时的语文教育“没有教学”,意在没有合理、有效、经济的技术训练。他认为,造成国文程度低落的一个重要原因就是对技术的忽视,因此于在春提出“国文学科是技术训练方面的事,教学应注意在表现的技术(作法)的理解与欣赏”[7]。他旗帜鲜明地提出“技术第一”的口号,与陈启天、黎锦熙、朱自清、叶圣陶和夏丏尊等人的观点前呼后应、彼此共鸣。于在春在凸显语文课程的工具特性的同时不忽视语文课程的人文特性,这与当今新课程标准的主张是一致的,体现了他思想的前瞻性。

从教师方面来说,“语文教学的内容是形式的探讨,表现方法的探讨”。[8]形式的探讨是语文教学的本体。既然语文教学的根本任务在于形式技巧的探讨,那么在语文教学中,就必须致力于文字技术的科学研究,教学方法上也不局限于简练揣摩,教师要在方法技巧上下功夫。从学生方面来说,学生需要的,是明明白白提示出好处在什么地方,怎样好法,以及为什么算得好。

(一) 于先生“技术第一,尚工具性”的教学思想首先表现在教学内容和教法的探讨上

1. “集体习作”教学的创新和践行

吴研因先生曾描述过当时一般学生的语文水平:“千人投考,通顺者实在不过百人。”中学国文程度的低落,在当时受到了社会各方面人士的关注,由此也引发了一系列讨论,但有实效者并不多。于在春先生在教学中,深感“中国语文在现在还给大家用那浪费的、无效的、错误的方法教学着”[9]:“注重内容”[1]“迷恋骸骨,完全忽略了语文的历史演进关系”[10]“讲授方法仍旧沿用着传统的‘简练揣摩’,仍旧注意一些久经死去的难辞僻典,不讲文法,不讲修辞和作法,仍旧因袭着那种玄学的‘以求一旦之豁然贯通’的方法”。[10]在这样的大环境下,习作的教学“不但继承着一切缺点的遗传,而且更因为配合上的脱节招引了更多缺点”。[11]读的是文言,作的却是白话,习作和阅读失去了联系,这也使得很多学生习作无内容可言,无话可写。新的教育制度下,教师要面对近百个学生,再不能像科举时一一面授,篇篇习作订正修改,即使教师做到了,学生面对那么多的科目,也不可能专攻国文,如果只是课堂上的蜻蜓点水,恐怕再有天分的学生也难以在习作上有所突破。于是,于在春先生想设计一条新路来,补救这种种缺点。“集体习作”应运而生。

于先生根据创作的一般过程,给“集体习作”的创作实践设计了详细的步骤:第一步是"命题"。命题可以给选材划出一个比较固定的范围,使习作的人得到些根据和方便,不致茫无头绪。第二步是材料的搜集。根据命定的题目,有学生书面提交他在写作此文时打算采用而又认为适用的材料。第三步是材料的整理。在教师引导下请学生将全班材料归纳分类。第四步是材料的评议。在课堂上采用集体商讨的形式,把学生们提出的"题材"或"题义"逐条评议。第五步是选择主题。在学生上一步充分评议材料的基础上,通过口头商讨的办法选择更精彩的主题。第六步是材料的排列。先由学生个别的去考虑,再用书面形式提出他认为最好的排列方式。第七步是确定大纲。参照排列方式的书面报告,在教室里商讨一个具体的大纲,留做文字商讨的根据。最后一步最为繁琐的就是文字形式的商讨。从选用词语到构造章句,都在共同工作下经过提出、批评和修改,最后才决定。

于在春先生的集体习作实践,有这样几个鲜明的亮点。首先,提出并实践了"技术第一"[12]的教学主张,追求合理的语文教学。于先生认为语文教学应该"技术第一"。语文教学不能仅停留在空洞的概念原理的灌输,而要给予他们实例。习作教学的内容应着重于表现方法的探讨,旨在帮助学习者了解怎样把内容用形式来表现得恰如其分。再如在"集体习作"实践的第二步到第四步,这是一个预备工作,学生从中实际训练如何搜集、整理和判断那些材料是否适用于某个固定的题目之下,从你们能写出些什么到"什么"可以入文。这有别于当时比较普遍的习作指导时技术要点全不被提示,即使偶有涉及,也是空洞的原理或原则,也有在命题之后直接给学生提供具体材料,不让他们自寻思路,要么是让学生无处着手,要么助长了盲从和依赖的恶习。在文字形式商讨阶段,学生可以获得活的练习,从实际应用上接受一些文法学、修辞学的基本练习,这样,平日不留心于选词、造句、构篇的,可以受到明确的纠正和切实的指导。于在春先生《"集体习作"》文章中从提到集体习作《凉秋》仅仅四百多字的一篇短文,写作技术单单文字商讨白话部分牵涉到的,已经有:"起头(第一句)和结尾,桥梁问题,交代问题,景象的描写,语句的次序及特示移前,成语的引用及改装,语感,句型的变化,句的周稳、呼应和具体化,文法分析,单复数,炼字选词,口语化,'的'字用法,'些'字用法,平仄声,典故及方言。积极修辞方法——映衬、重复、叠字、省略、对比、譬喻、摹音、析字、层递及婉曲。”强调技术并不是对内容的忽视，而是让习作者向内容与外型的极度调和努力前进。其次，注重操作实践的普适性。这首先表现在对文体的广泛尝试上。由于当时的历史环境，于在春先生的“集体习作”设计并未能在一地一时连续开展，但在仅有的几次实践中，于先生敢于尝试，力求“集体习作”可被广泛应用在各体文章习作教学上的最大可能性。先是在扬中沪校高一年级甲组试做《七楼读书记》，这应是一篇记叙类作文，后又尝试了历史小品《羝羊之乳》，第三次则是一篇抒情的文章《凉秋》，选择这个题目，就是要试看“集体习作”的教学方式会不会在抒情文习作上碰壁。其次是在教学时间的把握上，以《集体习作实践记》中所记录的《凉秋》的习作实施时间为例：“材料的搜集（课外）个别做，占时一星期；材料的整理（课外）个别做，占时一星期；材料的评议（课内）两小时，占时一星期；主题的选择（课内）两小时，材料的排列（课外）个别做，合占一星期；大纲的确定（课内）两小时，占时一星期；第一段文字的商讨（课内）四小时，占时两星期；第二段文字的商讨（课内）两小时，占时一星期；第三段文字的商讨（课内）三小时，占时一星期；第四段文字的商讨（课内）一小时，占时一星期。”每次“集体习作”的实施，从第一步到最后一步，除了可在课外做的不计外，大约至少也得花费六小时，照当时中学国文课内习作平均每周一小时来计算，要六周才能完成一篇文章，如果是翻译的练习，则只需要做文字商讨的那一部分。在1946年《国文月刊》第48期刊载的《“集体习作”》中，于先生根据学校的课时安排非常实际地提出他的想法：“倘使能把课内习作重点全部实施‘集习’，那么每学期大约可做创作‘集习’两或三次，翻译‘集习’一或两次，另外再规定在课外个别习作（即现有的坐稳练习）四五次，习作教学的内容该已经够充实，同时，习作教学的效果也一定丰富多了。”这样周密认真的安排，保证了“集体习作”教学方式在任何学校都能在正常课时的情况下实施起来，也避免了在实科和理论学科抬头，语文教学时间有限的现实情况下，教师再企望于效率低下、效果不明的个别订正。

1946年，第二次实践的教学实录《集体习作实践记》出版，叶圣陶先生在序中说：“集体习作这个办法非常好，就是许多人共同练习说话，练习思想。一个人难免有欠周妥处，大家讨论，讨论到大家满意，那一定是比较好的说法和想头了。”“集体习作”把学生的习作态度在监督下训练得认真起来；把教师分散于不受习作者注意的个别订正上的精力，集中到写作方法的积极辅导上来；从实际应用里教学文章作法、语法、修辞的知识，用实际参加订正的方法使学生接受每一点订正的精义。这是一次讲求实效的教学改革，为当时死气沉沉的国文教学引进了源头活水，找到了“豁然贯通”的路径，学生动起来了，课堂动起来了，国文教学生气勃勃。

2. 识字写字，“教语文必须首先教识字”[13]

于在春从1932年教中学语文开始，就确信“教语文必须首先教识字”，并致力于推动汉字的简化和规范化。他说：“文字在现时代已不是‘士’们专利的东西了，各种职业里全有自由爱好、自由使用文字的人。”[14]文字是人类最主要的交流和思考工具，无论受教育与否都必须使用它。语文教育首要是识字，正式的语文教育尤其是专门的识字写字教学显得非常有必要，它是通往知识殿堂的一把钥匙，是减少盲目摸索获取成功的保证。20世纪50年代，伴随着文化部和中国文字改革委员会的汉字改革大潮，于在春将异体字的整理和规范作为汉字简化中的重要一环。1953年，于在春撰写《论汉字的简化》，主张坚持调整合并的原则，简化汉字。同时，于在春熟谙汉字的构造与发展规律，在语文教学中特别注重字形的认辨和错字的纠正。

（二）于先生“技术第一，尚工具性”的教学思想还表现在教材编选的准则上

于在春认为：“教材应注意到‘作法’的明示或暗示的供给，技巧上有无可取应为选材的主要原则。”“读文为了什么，一方面摄取，一方面帮助表现。”[15]国文教材中的选文不仅要供欣赏，还要供读者从中摄取文章的作法技巧，摄取不仅是目的而且是手段，其最终目的在于学生运用摄取的技巧为自己的表达服务，这才是选文的最大价值。

教材编制应该综合考量选文的内容和形式，坚持形式有限。于在春说：“作国文教材的看法，好的文章不但应有好的内容，还更应有好的形式。选材时，我们不必考虑知识提供上的需要，我们却应考虑到技巧示范上的需要。而且进一步说，纵使有好的内容又有好的形式，倘若那种内容的了解会使学习者太吃力的话，我们只好割爱那好的形式。”[16]编制教材应注重文章的形式技巧，同时考虑到课文可读性的问题，因为内容太深就会艰涩难懂，影响教学的主要目的（工具授受与运用）的达成。如朱光潜的《谈静》和《谈动》，形式精巧但内容较深，就不适合选入中小学必修教材中。

选文不论古今，应以技术精严为标准。“天下之书，诚欲藏之名山，传之后人，即无有不精严者；何谓之精严，字有文法，句有句法，章有章法，部有部法是也。”[17]于在春借金圣叹之言强调文章的技法精严，这里的“精严”不同于枯燥乏味的桐城“义法”，不同于那种钻牛角尖到极致的“死法”。于在春认为，无论是古代文言文还是现代语体文，只要形式高明、技法精严，均可入选教材。如可选《阿房宫赋》，学习其中夸张、比喻等手法和铺排、议论等方式，也可选入《水浒传》《红楼梦》乃至“五四”新文艺等技巧上进步的白话著作。这条准则就破除了教材选文中的文言与白话之争，学生只需要“不分彼此的把文言和白话的足以帮助我们表现力的每一种成分都获取而咀嚼而消化而发挥为我们自己的力量”。[15]

（三）于先生“技术第一，尚工具性”的教学思想也表现在考察测验上

在《国文成绩考察述例》中，于先生说：“为了考察成绩，为了督促学习，合理的考试实在不该缺少。理由是无烦细述的。只是考试的范围，或者说是考察的对象，如果错误，像一般忽略了工具、技术等方面而只注重知识与内容，那就考察不出真实的程度。结果还只算做‘没有考试’。”于在春经常运用填充法来考察文言实词和虚词，如“苍山（负）雪，明（烛）天南”（姚鼐《登泰山记》），“令吾儿（且）读（且）唱”（郑燮《家书》）[18]，这种考察让学生在阅读写作中更加注重炼字的精当。当然，于在春也考察知识内容，但总体来说，工具和技术方面的考察（如语法修辞和标点用法）是主要方面，因为这更能检测出学生的语文能力水平。

三、古为今用，读写结合

新文化运动以后，白话逐渐替代文言成为主流，文言的地位自此一落千丈，那么，在当今时代还有没有必要学习文言呢？古代文言是母语的一部分，是中华民族传统文化的载体，学习文言不仅是丰富知识和陶冶情操的需要，还是民族文化传承的使命与责任。如何让文言和白话不再隔膜，于在春先生在阅读和写作教学中都做了有效的尝试。

(一) 文言阅读教学中对文言翻译的重视

区别于供普通大众阅读欣赏、了解古代文化历史的译作,仅求答意即可,于在春所倡导的翻译是“为了语文教学需要,为了探究古、今汉语变化规律而译的,翻译时一般重在对译,译文十分注意语序、语义、语调的合式,注意语言的规范化”[19],这也反映了于在春对语文工具性的重视。于在春将文言文翻译作为文言文阅读教学的重要方面,因为针对中学语文教学,所以翻译的标准也更加严格。他强调运用“对译法”“讲究的是词语含义、句子结构的当对性;而这种当对性,又不像‘直译’法那样拘泥,它是以符合现代汉语的语法规范,又能够鲜明地显示出古、今汉语变化规律为标准的,因而又有一定的灵活性”。[20]

(二) 写作教学中的古今对译

于在春先生的“集体习作”设计一共有两段。一段是在扬中沪校试行两次,一次是创作,一次是创作与翻译,从白话翻成文言;一段是40年代初,于先生在中国新闻专校又试行了一次翻译,从文言翻成白话。“借翻译来进行习作的方便处,就在于有一个内容的客观的具型,商讨用什么形式来表现那有具型的内容时有个可以共见的依据。”[21]在翻译的过程中,可以懂得文言和白话在句式、词汇等方面的差异,对阅读文言文、写作白话文都是有益的训练。

于在春先生在国文教学上打破了文言和白话的隔膜。当时的教材仍然以文言为主,而学生写作时却要用白话文表达,手段与目的是不一致的。于先生提出“我们要不分彼此的把文言和白话的足以帮助我们表现力的每一种成分都获取而咀嚼而消化而发挥为我们自己的力量”。[15]文言遗产中有许多技巧足供我们用白话写作时的参考,所以在“集体习作”的翻译实践中,教师选择讲究文章作法的文言文篇目,让学生在翻译成白话的过程中,去体味揣摩,从中学到更多写作的技巧。这样,文言和白话就不再是形式的矛盾,而是找到了他们对学生习作有帮助的契合点。

唯有精准恰当的翻译才能达到锻炼学生语言文字表达的目的。于在春在《认真辅导好文言文的“改写”作业》中提出了明确的对译要求:“首先,译文语言用普通话，尽量做到口语化规范化；其次，做到原作思想、艺术的准确再表现；最后，原文和译文对照时显现出现代汉语（普通话）和古汉语（文言文）的异同之点。”[22]于在春在翻译集习中严格遵循对译要求，如袁宏道《初至天目双清庄记》首句“数日阴雨，苦甚”，于在春译为“这几天老是下雨，苦闷得很”[23]。整句翻译贴近日常口语，“老是”点明了“数日”之久，而“××得很”则准确表现出程度副词“甚”，“苦闷”一词也比“苦恼”“烦恼”“懊恼”或“无聊”等词来得贴切。简简单单一句文言的翻译，于在春都反复推敲琢磨，在多种译法中优化选择，力求呈现原文风貌，将文字发挥到极致。经过这样的翻译训练，学生可以进一步明确文言和白话在字词、句式和风格等方面的差异，反馈到自己的写作实践当中。

四、合作探究，多向互动

于在春反复强调商讨交流的重要性，在课堂之内和课堂之外积极推行合作探究，多项互动的语文学习。

（一）课堂上的集体商讨

于在春认为师生之间并非是一种单向的授受关系，而是一种双向的互动交流关系，因此，他倡导师生和生生之间的商讨交流，实则是多向互动。这突出体现在他的“集体习作”理论和实践中。所谓“集体习作”，简而言之，就是全班学生在教师的指导下，步步商讨，共同完成一篇习作。“集体习作”思想的核心即共同商讨，这种商讨是个体思想在群体之中的碰撞和交流，不仅包括师生之间的商讨，也包括生生之间的商讨。无论是材料的评议、主题的选择，还是文字的修改，均采用先个别提议后集体商讨的模式，可以有效锻炼学生的思维，优化习作的效果。

（二）寻找更宽广的交流平台

于在春所倡导的商讨交流并不局限于语文课堂上的合作。他在编写《文言散文的普通话翻译》时，但凡遇到翻译的困惑，都在文中一一标示供读者商讨。发表《集体习作实践记》时，于在春借助《写作与阅读》杂志平台，广泛征求批评意见，不断修正和完善自己的理论。他说：“我想让这一种新的设计和尝试有个机会接触到广泛的注意和批评。我不敢自信这种草创的习作教学方法已经成功,只打算提供出这可能有的一种进行习作的方式,请大家看比较原有的一些方式是不是在效果上占强一些。"[10]于在春先生撰文时总在文末标注"欢迎指教""一切纠正和指示,我都十二分欢迎"之类的话,其中虽然不乏自谦之辞,但是却说明了于在春先生事事商讨的态度。

于在春的语文教育思想在特定的社会历史背景中形成,但又超越了历史局限,其思想具有经久不衰的穿透力和生命力,在语文课程、教材和教学等诸多领域中放射出智慧的光芒。"善歌者使人继其声,善教者使人续其志。"当我们反复品读于在春先生的这一篇篇教学改革的文章时,我们丝毫感觉不到这已是近一个世纪之前的作品,反而觉得改革者他依然走在我们的前面,依然有着旺盛的生命力。在此也感谢我的祖辈已故的芮和师老师将于在春先生的珍贵资料悉心整理,以享后人。

参考文献

[1] 于在春. 要求合理的语文教学[M]//芮和师. 于在春语文教学论著选. 南京:江苏教育出版社,1993:18.

[2] 芮和师.《于在春语文教学论著选》前言[M]//中国人民政治协商会议邗江县委员会文史资料委员会. 邗江文史资料(第七辑). 扬州:政协邗江县委员会文史资料委员会,1995:54.

[3] 于在春. 文字的自由画[M]//芮和师. 于在春语文教学论著选. 南京:江苏教育出版社,1993:117.

[4] 于在春. 文字的自由画[M]//芮和师. 于在春语文教学论著选. 南京:江苏教育出版社,1993:118.

[5] 于在春. 文字的自由画[M]//芮和师. 于在春语文教学论著选. 南京:江苏教育出版社,1993:120.

[6] 于在春. 文字的自由画[M]//芮和师. 于在春语文教学论著选. 南京:江苏教育出版社,1993:121.

[7] 于在春. 集体习作实践记[M]//芮和师. 于在春语文教学论著选. 南京:江苏教育出版社,1993:148.

[8] 于在春. 技术第一[M]//芮和师. 于在春语文教学论著选. 南京:江苏教育出版社,1993:16.

[9] 于在春. 要求合理的语文教学[M]//芮和师. 于在春语文教学论著选. 南京:江苏教育出

版社,1993:19.
[10] 于在春. 要求合理的语文教学[M]//芮和师. 于在春语文教学论著选. 南京:江苏教育出版社,1993:20.
[11] 于在春. 集体习作实践记[M]//芮和师. 于在春语文教学论著选. 南京:江苏教育出版社,1993:140.
[12] 于在春. 技术第一[M]//芮和师. 于在春语文教学论著选. 南京:江苏教育出版社,1993:3.
[13] 于在春.《字形手册》新序[M]//芮和师. 于在春语文教学论著选. 南京:江苏教育出版社,1993:56.
[14] 于在春. 告白[M]//芮和师. 于在春语文教学论著选. 南京:江苏教育出版社,1993:1.
[15] 于在春. 技术第一[M]//芮和师. 于在春语文教学论著选. 南京:江苏教育出版社,1993:9-10.
[16] 于在春. 技术第一[M]//芮和师. 于在春语文教学论著选. 南京:江苏教育出版社,1993:13-14.
[17] 金圣叹. 金圣叹全集(一)-贯华堂第五才子书水浒传(上)[M]. 南京:江苏古籍出版社,1985:10.
[18] 于在春. 国文成绩考察述例[M]//芮和师. 于在春语文教学论著选. 南京:江苏教育出版社,1993:25.
[19] 顾黄初. 语文教育论稿[M]. 北京:人民教育出版社,1995:559.
[20] 顾黄初. 语文教育论稿[M]. 北京:人民教育出版社,1995:560.
[21] 于在春. 集体习作实践再记[M]//芮和师. 于在春语文教学论著选. 南京:江苏教育出版社,1993:247.
[22] 于在春. 认真辅导好文言文的"改写"作业[M]//芮和师. 于在春语文教学论著选. 南京:江苏教育出版社,1993:263.
[23] 于在春. 文言散文的普通话翻译[M]. 上海:上海教育出版社,1978:208.

文以明道　学以致用

——胡乔木语文教育思想研究

王　俊

胡乔木，1912年6月1日出生于江苏省盐城县鞍湖乡，1924年，12岁的胡乔木高小毕业后，以优异成绩考取江苏省立第八中学（今扬州中学）。这一年，他是鞍湖小学唯一考入江苏八中的学生。江苏八中是一所校风正、学风严、质量高、名气响的省属重点中学。这里有治学严谨的校长，有经验丰富的老师，有学习宽松的环境。今日中国社会科学院的学部委员中，有十多位皆出自于该校。在这样一所学校里学习，这为胡乔木日后的学业打下了坚实的基础。

作为名牌中学的江苏省立八中，其生源来自于全省各地，学生的思想也异常活跃。当时，年长4岁的长兄胡达新也在这所学校就读，而且还是国民党的左派人物。胡乔木开始从哥哥他们的言谈中耳闻到"共产党""国民党""社会革命"等许多新名词，偶尔也目睹一些同学在秘密地传看进步书刊。不久，他终于也借到了一本《中国青年》杂志，读罢内容，不禁耳目一新。从此，恽代英、萧楚女、邓中夏、张太雷、任弼时、李求实等名字，已深深地印记在他的脑海。他想亲眼目睹一下恽代英这位大主编的风采。果然，恽代英次年来到江苏省立第五师范学校进行演讲，消息传到八中，兴奋异常的胡乔木随即前往。恽代英的这次富于鼓动性和影响力的演讲，着实振奋了在场的每一位听众，使他们一下子明白了读书与救国的关系，懂得了读书为了救国、读书不忘救国的道理。从此，胡乔木与《中国青年》结下了不解之缘——二十多年后的1939年4月，胡乔木成了《中国青年》在延安复刊时的主编！这和中学时期打下的思想基础密不可分。

胡乔木在理科班考大学时考的是交通大学土木工程系和清华大学物理系，但他依然保持着对文科的浓厚兴趣。他在扬州中学的校刊上不仅发表自由体新诗和散文，而且发表了近代外国文学史论文，以及相当专业的《淮扬方音概论》。面对胡乔木十八岁时的习作，我们不能不惊叹他的青春才华。以高中时期为发端，胡乔木对文艺的喜爱，特别是对诗歌的专注，对语言文字的研究，成为他早年生活和事业的一个重点。

通过发表在《扬州中学校刊》上的《近代文艺观测》(1930)，我们看到了这位高三学生思想的进步。十八岁的胡乔木已经坚定地信奉科学社会主义了。他说，我们“需要如何的有伟大的真实的生命的宗教——这种宗教，不是幻的空疏的过去一切的旧的耶稣教、佛教、拜物教和拜金教，而是敢于以全人类的血肉为牺牲，以全人类的幸福为鹄的，将黑暗的昨日与混乱的今日勇敢的无畏的向明日的光明与快乐推进的新宗教——社会主义”。而且，他已经下定为此而献身的决心。他在《别辞》(1930)中写道：“那时/你将见你底密友倒卧在/人们所赐与的血迹模糊里/但他底脸上却仍然溢出了/战斗过来的红色的欢笑/因为他底血液曾是沸热/而他底灵魂是永远光明的。”[1]可贵的是，胡乔木的这种理想和信念是建立在对社会历史发展规律的清醒认识的基础上的，是自觉的。上述信奉社会主义的结论，正是通过对19世纪末到20世纪二十年代社会激烈变动中近代文艺发展进程(“颓废派—未来派—普罗派的起伏”)的历史具体的分析中得到的。

胡乔木在青少年时期，热爱祖国，勤奋好学，追求进步，同革命思想有了接触；同时在语文领域表现出浓厚的兴趣和惊人的天赋，为他以后取得杰出的语文成就打下了坚实的基础。

胡乔木是政治家，又是学者，还广泛地关心和探讨文化教育的许多问题，参与语文教育教学改革，曾任政务院文化教育委员会秘书长、中国文字改革委员会委员、中央推广普通话工作委员会和汉语拼音方案审定委员会副主任，是新中国文化教育事业的推进者。

一、“文以明道”语文教育思想

抗日战争胜利以后，解放区中等学校的数量有所增加，教材建设的迫切性更加凸显出来。

陕甘宁边区编辑出版的《中等国文》是由胡乔木主持编写的。胡乔木还专门为这套《中等国文》写了一篇《本书的七点说明》(以下简称《说明》)，第七点：“本书的编辑是一个大胆的尝试，它的原则和它的内容都需要经过群众的实践的考验，都需要经过群众的实践的修改。”[2]

《中等国文》的几个主要特点：

1. 确认国文教学的基本目的，以及在编制教材中的具体落实

《说明》第一条就旗帜鲜明地宣称：“本书确认国文教学的基本目的，是对于汉语汉文的基本规律与主要用途的掌握。”编者又明确提出了两个颇为新颖的观点：一是“凡应用语文(包括一切说、写、读)的地方都是学习国文的地方”；二是“国文也是一门科学”。将应用语文的若干重要规律的说明也列为正式课文，是课本不可分割的组成部分，而不是课文之外的附加，或可有可无的补充，是《中等国文》特有的做法。

2. 课文内容要着眼于“语文规律的价值”，“同时着眼于政治的价值与一般知识的价值”

这一点很重要，它是研究有关教科书内容应该如何正确处理语文规律教育、思想政治教育和文化知识教育三者关系的。本套教材“除着眼于国文教学的价值即语文规律的价值外，同时着眼于政治的价值与一般知识的价值”。在这三方面的教育中，胡乔木认为语文教学的两个“掌握”的基本目的是“第一个方面”，但其他方面包括思想政治教育和文化知识教育，也要处理

得当,"决不允许忽视"。

下面就来看看第五点《说明》:"本书各册编制的要旨。"

第一册——说与写的最初步常识,简单的"应用文"。边区的各方面,华北解放区和抗日战争。最初的群众观念,群众的英雄主义。学习态度。

第二册——词和句。新民主主义的基本概念;解放区与国民党统治区的比较;社会主义、资本主义和法西斯主义。地理与生物的一些知识。

第三册——词和句的进一步研究。民族主义、投降主义和国际主义。工作态度。历史与科学的一些知识。

第四册——修辞的常识。更多的历史与科学的知识。学习方法。

第五册——作文与读书的常识;汉语、汉字和汉文(文言和白话)。中国文学的常识;文学所表现的政治。

第六册——高级的"应用文"。对敌人和对自己的斗争(批评和自我批评)。工作方法。

很显然,这个编排完全按他们的设想,突出了"语文规律"的主线,辅之以思想政治教育和文化知识的教育(还包括学习态度、学习方法、工作态度、工作方法等),既落实了语文教学"对汉语汉文的基本规律与主要用途"的两个"掌握"的主要目标,同时又明确了思想、知识、智力三个重要潜在因素的培养任务。这套教材对语文规律、思想政治和文化知识三者关系的处理是恰当和得体的,是胡乔木"文以明道"语文教育思想的明证。

胡乔木编写教材,很好地处理了语文教育史上的两个关系:

第一,很好地将"文"和"道"结合起来。

文道关系,是历来论争的问题之一,曾有"文道结合""文道统一""文道并重""文以载道"等多种提法,而胡乔木的语文教育思想是"文以明道"。早在《尚书》中的"诗言志",就是"文以明道"的主张。孔子说:"诗可以兴,可以观,可以群,可以怨。"曹丕说:"文乃经国之大业,不朽之盛事。"刘勰提出:"政化贵文,事迹贵文,修身贵文,圣因文而明道。"白居易提出:"文章合为时而著,歌诗合为事而作。"就是说,文章要替时代讲话,要表明宣传时代的要求。鲁迅先生说:"世界日日改变,我们的作家取下假面,真诚地、深入地、大胆地看取人生并且写出它的血和肉来的时候早到了。"他的主张仍是文学艺术要反映时代的要求,人民的需要。毛泽东同志提出人类的社会生活是文学艺术的唯一源泉,文学艺术是生活的反映,也是主张"文以明道"的。

叶圣陶、朱自清曾这样说过:"五四以来国文科的教学,特别在中学里,专重精神或思想一面,忽略了技术运动训练,使一般学生了解文字和运用文字的能力没有得到适量的发展,未免失掉了平衡。"[3] 1920 年,陈启天在《中学的国文问题》一文中,提出语文教学应有"正"和"副"两方面的目的。"正目的"是:要能说普通言语;要能看现代应用文和略解粗浅美术文;要能做现代应用文。"副目的"是:要启发思想,锻炼心力;要了解和应付人生和自然。《中等国文》的编写,从实用的原则出发,不专门"选很多'名文'",相反"却选了很多朴素平易"而内容又贴近时代、贴近边区实际、贴近学生生活的"应用语文"。实在有必要时,则"由编者写了若干篇以为补充"。所以,篇目中既有《安乐王子》《诗选》(白居易等)这样重精神思想的文章,也有《记录》《书信》《契据》《表格》这样重视语言文字训练的文章,使得解放边区的学生能够在精神与应用两方面都有所获益,使得"文"和"道"都不偏废。

第二,很好地将"文"和"知"结合起来。

在新式学堂兴办之初,中国文学科都是以读写各类各体文章为基本内容的,所有关于文字、语音、句法、章法以及文章流别等等方面的所谓语文基础知识,一概融合在文章的读写中相机进行讲授。到民国元年以后,由于语文知识的系统研究有了某些进展,于是出现了在读写文章的同时,独立地、系统地讲授语文知识的状况。五四运动以后,中学试行分科制和选修制,那时各校国语、国文科内设置的分支课程就十分繁复。从 1929 年起,中学学制又改为单一的普通科制,在这个时期,除了有了专门编撰语法、文法、作文法等属于语文基础知识的讲义或教科书以外,更多的人采取分中有合、合中有分的方式,把有关的语文基础知识写成系列性短文,或穿插编排在课文单元的前后,或作为附录集中编排在每册课本之后。《中等国文》沿用了这种处理方法,将语文知识列为正式课文,内容丰富,至少包括识字、书法、字体、句读、语调、语气、语法修辞、说和写、写作知识、对联、各种应用文,这类课文虽都是自己编写的,但跟全书一样,都特别注意内容上由实用出发,形式上与向来的文法教材不同。

二、"学以致用"语文教育思想

20世纪中期，我国进行了一次重大的中小学语文教学的改革试验，这就是从1956年秋季开始的，把原来的语文课程分为汉语和文学两种独立的学科进行教学的试验，简称为语言、文学(或汉语、文学)分科教学试验。

1951年3月19日至31日，教育部在北京召开第一次全国中等教育会议。胡乔木在3月23日大会上作了有关爱国主义教育的报告。谈到了语文学科，他指出：语文教学"内容包括文学和语言两个部分，二者所担负的任务不同，所以不能互相代替……语文教学目前存在着特别混乱的现象，其原因就是没有把语言教育和文学教育分开……语言教育与文学教育可以联系起来，但不能混淆"。[4]

1953年5月，毛泽东在中央政治局会议上明确指示：语言和文学可以分科教学，并指定胡乔木负责建立一个组织来领导解决语文教学问题。1953年，胡乔木担任中央语文教学问题委员会和中央文字问题委员会的主任。胡乔木对于语言、文字分科教学的教材编制和教学试验的工作自始至终都十分关心和支持。他经常深入实际，跟领导同志研究讨论，交换意见，跟编辑人员座谈讨论，或者向群众做报告，做宣传解释工作。刘国正回忆道："乔木同志曾两次同文学、汉语两科的编辑人员座谈，谈了很多宝贵的意见。如他认为，对文学应做广义的理解，不限于纯文学，艺术性的议论文也应入选。他还指出，文学素养是青少年不可缺少的。苏联的中小学生能够背诵普希金的诗，我们的孩子很少能背诵白居易的诗，不能不说是个遗憾。"[5]

1956年4月1日，胡乔木跟人民教育出版社领导同志谈话，对《汉语》和《文学》课本提意见，主要还是对作文教学的意见。

"国家和人民对作文教学要求很高。学生高中毕业，若是能够写通文章，那就是汉语和文学教学的成功；若是学生高中毕业还写不通文章，那么无论怎样汉语、文学分科教学，教多少文学作品，还是教学的失败，人民群众会有很多意见。

现在新编的《汉语》和《文学》课本，对作文教学没有很好地解决。《汉语》课本的编法似乎太单调，学生可能没有多大兴趣。《汉语》课讲语音、词汇、语法，对怎样掌握语言，使用语言，讲得不够，譬如标点符号、修辞、作文到初中三年级第二学期才讲，那么这以前怎样使用标点符号进行作文呢？”[2]

谈话在列举了一些作文练习的事例之后指出：“作文，将来可能变成很简单的事情，但几十年之内还是很困难的。这要从小学起直到高中、大学，提出一套科学的设计。小学、初中、高中要求可以不同，但都需要设计。要像专科学生，从操作模型到操纵机器，都能掌握熟练技巧。作文也要定出指标来。要使学生进行逻辑的训练，有理由，有结论，有原因，有结果，说话、作文，都能言之成理，清清楚楚。成功了社会上就欢迎，失败了社会上就责备，这是非解决好不可的。”谈话最后还建议：“解决作文教学的问题应当作为语文教学改革会议的重要议程。”

把中学语文课分为汉语和文学两科进行教学，并分别编辑出版汉语和文学两种新课本，这是前所未有的事，具有开创性的历史意义。而这些都是在胡乔木的十分关心、深入探讨和积极推动下完成的。胡乔木提出的作文教学衡量标准，即能否写通文章、能否适应社会的需要，折射出他学以致用的语文教育思想。

三、“文以明道”与“学以致用”语文教育思想的光大

胡乔木不仅是语文教育思想家，由于他身份的特殊性，他还直接参与了新中国语文文化史上的几件大事，将文以明道、学以致用的语文教育思想贯彻到语文文化事业的诸多领域。

1. 规范祖国的语言文字

新中国成立初期的几年，在党中央和毛泽东的直接领导和支持下，胡乔木在卓有成效地具体领导、组织和推动《人民日报》发表重要社论《正确使用祖国的语言，为语言的纯洁和健康而斗争！》的同时，还相继组织发表了《语法修辞讲话》和《标点符号用法》。《语法修辞讲话》的组稿工作是由胡乔木直接抓的，据作者吕叔湘回忆：“从准备材料到完稿一共用了大约半年时间。《人民日报》上隔几天刊登一次。我大约每隔三四天就送一篇稿子到胡乔木

同志那里，请他先看看，然后再转给《人民日报》刊用。”[6]汉语规范化问题受到了普遍重视，在全国范围内掀起了普及语法修辞、标点符号的学习高潮，影响深远，意义重大。它不仅为祖国语言文字的纯洁、健康和规范开了一个好头，而且也为今后继续全面开展现代汉语规范化工作打下了坚实的基础，创造了不断发展的条件。

2. 汉字简化

1955 年 7 月，国务院成立汉字简化方案审定委员会，胡乔木任副主任委员。1955 年 10 月，全国文字改革会议在北京召开，胡乔木作总结性发言，全盘地讨论文字改革的问题。1956 年国务院发布《汉字简化方案》，1964 年又编印《简化汉字总表》，这两件文稿的定稿都是经过胡乔木的。1982 年 1 月，中国文字改革委员会召开主任会议，胡乔木以中国社会科学院院长和中共中央书记处书记身份发表讲话，他说：“汉字的简化和整理工作，为了适应新的形势的需要，特别是为了汉字信息处理和机械化的需要，应该在过去简化汉字工作的基础上和在总结过去经验的基础上，根据下面这些原则和方法来进行。”讲话一共提出 15 条原则。1986 年重新发布的《简化字总表》，改动了几个字，也是胡乔木提出来的。

3. 制定和推行《汉语拼音方案》

周有光在《〈汉语拼音方案〉的制订经过》一文中写道：“新中国成立初期，中央为了使人民大众迅速提高文化，把研究制订一个比较理想的拼音方案作为重大工作，由毛泽东和周恩来亲自指导，由胡乔木承上启下，指导工作。”[7]据叶籁士回忆：“记得《汉语拼音方案》拟订之初，草案蜂出，意见分歧，很长一段时间统一不起来。乔木同志做了过细的工作，统一了大家的认识，为保证《汉语拼音方案》的顺利诞生起了重要作用。”[8]1958 年 2 月 11 日中华人民共和国第一届全国人民代表大会第五次会议正式通过《汉语拼音方案》。方案公布后，胡乔木还提出利用汉语拼音进行扫盲的建议，得到邓小平的赞同。1982 年 8 月 1 日，国际标准化组织发出了 ISO—7098 号文件，正式宣布《汉语拼音方案》已成为在情报网络、图书馆和文献管理工作中拼写有关中国的专门名称和语词的国际标准。

值得一提的是，制定《汉语拼音方案》的时候，遇到许多难题，其中最难于解决的是如何拼写“基、欺、希”这三个声母。一种意见主张用“J，CH，SH”(知、蚩、诗)在 i 的前面变读为“基、欺、希”，另一种意见主张用“G，K，H”(哥、科、喝)在 i 的前面变读为“基、欺、希”。两种不同的变读法都有历史背景，难于强求统一。由于两种变读法的争论难决，打乱了原来修正方案的计划安排，直到胡乔木积极支持采用专用字母 j、q、x 之后，才彻底解决了两种变读法争论难决的矛盾，统一了大家的意见。胡乔木说：

“ㄐ(基)、ㄑ(欺)、ㄒ(希)这一组音的拼法……在欧洲流行的语言里面没有相当的拼法，有一些跟它接近，但是都不完全一样。这是汉语里面比较特有的语音，而这种语音在汉语里面又很重要。过去是用其他的字母来变，即所谓‘变读’。比方说，用ㄍ(革)、ㄎ(刻)、ㄏ(喝)来变读，或者用ㄓ(知)、ㄔ(痴)、ㄕ(诗)来变读。现在为了使得拼音字母教学方便，尽量减少了变读，因此，就抛弃了用ㄍ(革)、ㄎ(刻)、ㄏ(喝)或者ㄓ(知)、ㄔ(痴)、ㄕ(诗)变读的方法，而另外给ㄐ、ㄑ、ㄒ安排了三个专用的字母 j、q、x。采取这三个字母是有理由的。第一个字母，j 的用法在过去的《国语罗马字》里就是这样用的。x 加上 i 当ㄒㄧ(希)，在过去的《北方话拉丁化方案》里也是这样用的。新用出来的一个方法是用 q 作ㄑ。q 这个字母在欧洲文字的发音本来就是 k，而《北方话拉丁化方案》，以及过去其他的方案表示ㄑㄧ，就是用的 ki。既然 ki 可以表示ㄑㄧ，那么，为什么不可以用 qi 表示呢？所以用这三个字母，并不是离经叛道的，都是有依据、有理由的。但是，它跟欧洲一般的流行习惯是不完全符合的……然而，经过长时期的研究，要完全避免这两方面的批评，这是很困难的。除非另外去造字母。而另外造字母，像刚才说的，这是一条走不通的路。所以我们认为现在的道路，现在的方案，比较起来还是最好的、最完满的。它是尽量地照顾到了需要照顾的各个方面的。”[2]

这使人不由想到《淮扬方音概论》，胡乔木在扬州中学形成的对语言文字的研究兴趣和专业水平为他日后在国家层面制定方案政策打下了深厚的基础。

4. 推广普通话

1955 年 10 月，教育部部长长张奚若在全国文字改革会议上作了《大力推广以北京语音为标准音的普通话》的报告。会议结束不久，胡乔木亲自动手起草了《国务院关于推广普通话的指示》，其中有关汉民族共同语普通话定义的新规定是这样写的："汉语统一的基础已经存在了，这就是以北京语音为标准音、以北方话为基础方言，以典范的现代白话文著作为语法规范的普通话。在文化教育系统中和人民生活各方面推广这种普通话，是促进汉语达到完全统一的主要方法。"[2]这个普通话定义的准确的科学界定，从标准音、基础方言和语法规范三个方面确定了普通话的明确规范和标准。这个定义在我国前所未有，具有重要的开创意义，影响深远，是胡乔木为推广普通话工作所作的理论贡献。胡乔木始终关心、推动推广普通话工作，1984年10月，胡乔木曾给参加文字改革工作座谈会的全体同志写过一封信。信中断言，随着"不可抗拒的客观趋势""终将使愈来愈多的人认识到"，在我国推广普通话的"必要性"。

胡乔木是百科全书式的马克思主义者，他热爱新中国的语文教育、语文建设事业，主编语文教材，参与语文教学改革，关心我国的语言文字工作，积极参与研究、制订新中国各个时期的语言文字的方针政策，统筹规划，卓有成效地领导和推动了我国的语文文字工作。在这些工作中无不贯穿了他文以明道、学以致用的语文教育思想，并因此取得了显著成绩，为我国的语文建设事业作出了重要贡献。

参考文献

[1]《扬州中学校史资料长编》编委会. 扬州中学校史资料长编・上编[M]. 南京：凤凰出版社，2011.
[2] 胡乔木. 胡乔木谈语言文字[M]. 北京：人民出版社，1999.
[3] 叶圣陶. 叶圣陶语文教育论集[M]. 北京：教育科学出版社，1980.
[4] 顾黄初. 中国现代语文教育百年事典[M]. 上海：上海教育出版社，2001.
[5] 刘国正. 夭折的维纳斯——50年代文学课本编写始末[J]. 语文建设，1995(3).
[6] 李行健.《语法修辞讲话》写作的前前后后[J]. 语文世界，1992(2).
[7] 周有光.《汉语拼音方案》的制订过程[J]. 语文建设，1998(4).
[8] 叶籁士. 胡乔木与语言文字工作[J]. 语文建设，1993(9).

关注生命成长　潜心素质教育

——郑万钟语文教育思想研究

陈桂华

郑万钟，1942年出生，1961年毕业于扬州师范学院，同年进入扬州中学任语文教师，后兼任校团委副书记，1981年任副校长，次年任校长。1985年，调任扬州市教育局副局长，一年后任局长兼党委书记。2002年退休。现正潜心于扬州中学的校史研究工作。

著有《漫说红楼话教育》[1]和《教海漫笔》[2]。《漫说红楼话教育》从古典名著《红楼梦》中发掘一系列对当今教育有益的启示，在文学和教育的交差点上深发议论；《教海漫笔》收入了作者在教育思想观念、教育教学改革、教书育人艺术等方面的文章，展现了作者一贯的思想轨迹和所追求的教育境界。另在《人民教育》《中国教育报》《江苏教育报》等报刊上发表500多篇教育教学论文、教育随笔杂文等。

一、在素质教育的大框架内思考语文教学

素质教育始终是郑万钟老师关注的焦点。众所周知，关于素质教育的讨论曾经沸沸扬扬，但已是80年代之后的事情。1985年召开的全国教育工作会议上，颁布了《关于教育体制改革的决定》，提出“提高民族素质，多出人才、出好人才”“实行九年义务教育是关系民族素质提高、国家兴旺的一件大事”。此后，教育理论界和实践界陆续出现了关于教育、民族素质和素质教

育的讨论。语文教育也顺应教育改革发展的潮流，进行自身的思索。其实，这一阶段素质教育更多地具有口号意义，强调的是国民的文化素质，即学校系统文化知识的学习。

郑万钟老师对素质教育的关注则体现在遵循教育规律，充分发挥语文学科在学生素质教育上的优越性，通过自己的教改实践，激发学生学习语文的兴趣，培养学生主动获取知识的能力，使学生形成合理的素质结构，从而把素质教育真正落到实处。早在"文革"之前，他就尝试在初二年级一个班开展了语文教改试点。一学期共教三十二篇课文(包括补充教材)，学生除了在课内做了二十篇作文外，平均每人还写了六篇课外作文。"讲和练的分量较多，教学进度较快，学生们对语文学习的兴趣相当浓厚，因而成绩也稳步提高。"[3]他从教材和学生的实际出发来组织教学。例如在备课上的改进，就是在通读全书、"胸有全册"的基础上，一个单元一起备，使同一个单元几篇课文的教学要求既相互联系又各有侧重。在深入了解学生方面，他除了经常和班主任联系、和同学个别交谈、和课代表接触、从作业中了解情况外，还做了三件事：一是课堂上巡视，察言观色；二是组织语文学习的典型调查小组，定期座谈；三是广泛地要求学生写书面意见，例如通过布置小作文《给语文老师的一封信》，摘下七十条意见，作为进一步改进教学的重要参考。

在教法上郑老师既勇于革新也注意实效，突出重点，绝不平均使用力量，每课的教学目的单纯明确，且根据教学目的确定相应的教法。例如教文言文单元时，他从实际效果出发，对三篇课文确定了三种不同的教法。讲《晏子使楚》时，让学生自己读课文，读注解，把不懂的提出来，之后通过三种方式解决：一是教师解答，二是请旁的同学回答，三是教师启发那个提问的学生自己来回答，最后朗读背诵。讲《庄周贷粟》时，先讲套在里面的一则寓言，再讲其余的内容，由易到难。讲较浅显的《愚公移山》，把较多时间用于领读、齐读、默读和背诵上。通过自己的教改实践，他认识到语文课可以分为"三品"：只是重视知识的传授，只是在认知方面让学生得到发展，这样的课当属下品；中品的课则注意学生智力与能力的发展；至于上品的课，那一定是在课堂上能焕发出生命的活力，师生共同在课堂教学中感觉生命的涌动和成长。

较早接受国外如捷克教育家夸美纽斯等人先进的教育思想，和我国古代优良的教育传统，以及扬州中学"树人"为本的教育理念，郑老师在语文教育中一直强调"目中有人"，把学生作为一个具有独立人格的人去对待，将学生视为言语活动的实践者、平等交流的对话者，把唤醒和润泽生命当作语文教育的出发点和归宿，注重点燃学生生命之火、拨动学生心灵琴弦。他在《课之三品》中写道："如果确立了以人为本的观点，教师就会把课堂看作是自己也是学生人生中的一段重要的生命经历，教师将充分展示自己的智慧、灵气和人格魅力，从而获到体现创造精神、实现自身价值的满足；而学生也是始终在融洽、愉悦的气氛中，得到包括知识在内的多方面的满足与发展。"[4]这种先进的语文教育理念，放到现在也不过时，仍然值得我们广大语文教育工作者深思。

从人的发展出发，语文教学重视"双基"的同时，更应该重视能力的培养。其实早在十年动乱前，郑老师就曾提出过要引导学生主动、生动活泼地学习，语文教学中也零星地就培养能力问题作过不少有益的探索与尝试。1981年他发表了《语文教学与能力培养》[5]一文，具体探讨了如何在语文教学中培养能力。郑老师指出，在语文教学中培养能力并非是全新课题，从孔夫子到叶圣陶，他们都有传授知识与发展能力一致的主张。培养能力总是在传授知识的过程中不断进行，教学的成败就在于引导、转化、开窍是否有效。关键是教师做有心人，要善于在教学的各个环节中点拨、引导。具体说来，就是激发兴趣，通过利用好奇心、激发求知欲、增强感染力、鼓舞自信心、满足发表欲等激发学生的兴趣，吸引学生对语文学习孜孜以求，同时促成知识的升华，迸发智慧的火花；改进教学，通过激疑、示范、诱导、联旧及指导自学等启发式教学方法，培养学生养成思考的习惯，使学生有强烈的求知欲望和进取、创造精神；通过开展课外活动，让学生在演讲比赛、课外练笔、办黑板报、组织兴趣小组等各种有益的活动中，打好基础，扩大视野，丰富想象，触发灵感，产生智慧，从而发展能力。

培养能力的核心，应该是发展思维能力。郑老师从叶圣陶和夸美纽斯等教育大家的理念中得到启发，认识到“学语言就是学思维”“说和写这种口头和书面的表达，更有助于思维的训练”“语文教师如果在教学中十分重视思维训练，那么久而久之学生就会逐渐变得善于思索，聪明灵巧”。[6]因此他提出在语文教学实践中，如果着重培养学生思维的方向性、正确性、敏捷性、深刻性和创造性，那么学生的思维就会逐渐臻于准、对、快、深、新，就会具备良好的思维品质。

今天的客观条件和当年有许多不同之处，但郑老师当年的教学改革对今天的语文同仁仍有借鉴意义。他不仅是一名语文教师，也是一名教育行政官员，这也使他能够在更高的立足点上并以更广阔的视野去看待语文教学，关注师生生命成长，潜心素质教育。原省教委领导在《教海漫笔》序中写道：“素质教育始终是作者关注的焦点和命题的中心……如果没有对素质教育的潜心思索，没有长期为素质教育‘鼓与呼’的执着情怀，是不可能奉献出如此内涵丰富、耐人寻味的力作的。”我想，这种执着情怀既源于他本身的质朴仁厚，更源于他对学生生命成长的关怀。

二、语文教学最根本的是解决“进”“出”二字

叶圣陶先生在关于语文学习的众多论述中，曾多次说到学习语文就是要掌握吸收和表达的本领，一是从外到内，一是从内到外。简言之，一个是“进”，一个是“出”。他认为听、读是“吸收”，是“进”；说、写是“表达”，是

"出"。语文教学的目的,是解决"进""出"二字,让学生真正掌握好听说读写的本领。郑老师非常赞同叶老的话。他常常宣传夸美纽斯的这段话:"学习语文,并非因为它们的本身是博学或智慧的一部分,是因为它们是一种手段,可使我们得到知识,并把知识传给别人。"

语文教学离不开对学生进行读写训练。语文教学存在的通病是讲得多,练得少。为此,郑老师发表了《"讲"与"练"》[7],这是扬州中学教师首次在《人民教育》发文。郑老师指出,要提高语文教学的质量,不应把希望全部寄于教师的千篇一律、滔滔不绝的讲,而应该把更多的希望寄于学生在教师切实有效的指导下的练。教师的讲解要精些,再精些,从教材实际和学生实际出发,防止主观主义、形式主义和平均主义。

郑老师认为教师的讲述只是为了帮助学生更好地理解课文,学生的读很重要,"读"之前有指导,中间有点评,之后有总结。他认为反复地、认真仔细地读,是一定会收到成效的,学生只有把课文熟读成诵,才能日积月累,潜移默化,在思想上得到营养;也才能以课文中经过锤炼的语言,来改造自己的语言,丰富自己的语言。[8]

不仅重视课内的读,而且重视学生的课外阅读。郑老师一直呼吁"还读书权于学生",确保学生读书的时间,甚至可以先作一点硬性规定,譬如一周安排两节阅读课,采取一些措施,诸如举办读书报告会,图书馆作新书、好书介绍,组织读书竞赛,评选读书新星,提供必读、选读书目等办法,来激发学生读书兴趣。他充分认识到读书的意义不仅在于丰富阅历、提升素养,而且这些知识或许就在未来的某个时刻涌现,助你一臂之力。

在写作训练方面,郑老师也进行了诸多探索与改革,调动学生作文的积极性。1966 年,他就在省全日制中学思想政治工作会议上交流"改进作文教学的一些体会",其中谈到他打破"面面俱到"等框框,提高批改作文的质量和速度。他还改变教师一个人改作文本的习惯,使师生共同评改作文。例如他把作文本放在教室里的一张桌子上,要批改就到教室去拿一组来,有时在中午或自习课时到教室去改(这样有利于随时叫学生来当面批改),批改好了的作文随即放到原处。学生不仅有较多的时间来阅读自己的作文,消化教师的批改,并从阅读别人的作文中得到启发;而且还可以在老师批改之

前自己动手随时作些修改，或是帮助别人修改。这种习惯的改变，让学生不仅能学到别人的东西，同时也逐渐提高了自己的分析能力。

读写离不开生活中的人际交往和交流。为了进一步提高学生的写作水平，郑老师着力解决"有话可说"的问题，特别注意引导学生关心周围的人和事，积极参加各项活动，广泛地接触实际，不断地丰富生活。"生活丰富了，思想活跃了，文章也就有了内容，语句自然也较前通顺了。"[3]

不过，参加了实践，丰富了生活，是否人人都能"立竿见影"地写出好文章呢？郑老师认为，教师一方面要努力提高学生的自觉性，使他们正确对待实践，从而在实践中受到锻炼，另一方面也要教育学生掌握正确的思想方法，使他们能正确地观察、发现、分析、解决实践中所遇到的问题。同时在命题方面进行一些改进，尽量把题目出得活一点、宽一点，或出几个同类型的题目让学生选择，或让学生自己命题，努力使学生有话可说。当时他的一位学生写过一首顺口溜："实践锻炼眼界开，处处都有好题材。以往作文是一关，如今'害怕'变'喜爱'。"提倡学生多读多写并走向生活，的确是符合语文学习的特点的，而且这个特点至今未变。

三、以自身的教学魅力激发学生学习语文的兴趣

郑万钟老师的课上得非常好，听过他上课的同仁都赞不绝口，因为郑老

师尽可能把课上得有情、有趣、有吸引力。他认为教师应以自身的教学魅力激发学生学习语文的兴趣。

悟性与灵气是教师所具备的一种教育教学的魅力。郑老师认为，语文老师要具有极高的灵性和创意。他在《悟性与灵气》[9]中写道：要让悟性与灵气这两朵花苞怒放，就如同给庄稼施肥一样，要打好基础，施足底肥，而不是光靠追肥；要合理有机搭配各种成分的肥料。所以，郑老师很重视教学艺术的研究。

他认为要言不烦的相机点拨，会得到最有价值的教育效果；教育内容不在"多"，而在"精"；不在繁弦急管地"灌"，而在恰到好处地"点"，即用极少的语言，用恰当的力度来启发悟性，来揭示真谛。"点"得自然，"点"到要害，"点"出悟性，不只是方式方法问题，关键是学识和素养。能纯熟地"点到为止"，除了要改进教育方式方法，还要考虑如何提高自己分析解剖问题和综合概括能力，如何提高自己的知识文化素养。真正的教育机制，是善于捕捉最佳教育时机，正确、机敏而又恰到好处地作出处置，从而取得良好的教育教学效果。

正是在此基础上，他提出了"碎语"的概念，发表了《说"碎语"》[10]一文。《二十世纪后期中国语文教育论集》[11]收入了该文，并且其编者按语中写道："教学语言，历来是研究教学艺术的重要课题。本文作者郑万钟老师根据他自身的教学体会，对教学语言作微观分析，提出了'碎语'的概念，颇有新意。分析和举例处处都体现了教学的艺术，教学的机智，言人所未言，见人所未见，题目虽小，寓意却深。"

"一方面，教师要有极高的灵性和创意；另一方面，也要能把学生培养得个个有灵性和创意，那么，这样的教师就进入了为师的最高境界。[12]"郑老师说。这不仅需要教师勤奋地学习，不断地积累知识，还要十分重视"储水"，注意采取正确、适当的方法传授知识，合理地"倒水"，让学生从老师那里获取较多的知识。郑老师一直注重调动一切手段来开启学生的心智，以增长学生的才智。他说，如果教师不满足于"储水"和"倒水"，还努力地多方设法开发智力、培养能力，使学生自己掌握"汲水"的本领，那么学生不仅能获得一杯水、一桶水、一缸水，而且离开了教师也仍有自来水、长流水。

不仅教学注重调动学生的兴趣,郑老师自身写作也注意“趣”。例如他的《“红”与“绿”三题——作文教学断想》[13],每部分都借用宋人的词句作题,形象地表达了观点:“红了樱桃,绿了芭蕉”,表示作文教学既要教会学生能“表”、能“达”,又要引导学生的“情”和“意”日臻健康、高尚;“小径红稀,芳郊绿遍”,提出教师要引导学生在一定的知识准备和生活体验的基础上,努力把视野、思维的跨度尽可能地拓宽、延伸,跳出“小径”,步入“芳郊”;“知否?知否?应是绿肥红瘦”指出批改作文要精当,尽可能保持学生习作的原来面貌,少动用红笔,不挫伤学生写作的积极性。

如何成长为一个受学生欢迎的语文教师?这是郑老师一直思考和实践的问题。他的为师历程也让我们看出一个优秀教师的成长路径:

善于学习。

郑老师认为:一个教师的快速成长往往得益于听老教师的超前课,得益于同事间的“疑义相与析”,也得益于教研组开展的各种教研活动,所以要善于向同事学习。还要向书本学习,教师的知识面是和其阅历、读书量联系在一起的。他认为现在教师读书太少,原因之一是他们自由支配的时间太少,被作业批改压得喘不过气来,被学校一些过于僵化的管理制度束缚住了。其实“教师的自由时间是根,它滋养着教育艺术的枝和叶”(苏霍姆林斯基)。郑老师曾经应邀开设了题为“校长读书与校长修养”的专题讲座。教育局主要领导、基层学校的校长代表和教育后备干部培训班全体学员一起参加了学习。他首先分析了目前社会读书活动的现状,指出了当前普遍存在的浮躁、浮华、平庸、跟风等问题,对读书学习的必要性、读书学习的现实意义进行了深刻的阐述,并结合自己读书的体会,强调了自主学习、反思学习、目标性学习的重要性,倡导“读书是一种收获、读书是一种快乐”的乐读境界。

教师还可以向过去的老师学习。郑老师经常回忆中学时代的多位语文教师,让自己感受到了学语文的快乐,从而使他结缘于语文教学。对语文的喜好,他记得是始于初一语文老师的两次表扬。从初二开始,他更乐意上语文课了。每堂课,几乎都是“唯恐聆听之不周,不知铃声之既响”。他的高中语文老师唐老师上课没有程式,时而让同学们讨论,时而选一篇课外美文来读,时而让同学们登台讲课。他有两次登台经历,一次讲《和平宣言》,一次讲《论“费厄泼赖”应该缓行》中的一段，留下了深刻的印象。在教室两边墙上，唐老师拉了两根铅丝，给每个同学挂一对夹子，作文写好就往夹子上一夹，供大家相互观摩、批改、提意见。一时间，学生写作兴趣高涨。后来在他自己做语文老师时，经常回想中学时代的语文课，哪几位语文教师是自己喜欢的，哪些语文课印象深，什么样的教法同学们欢迎，并发表了一篇文章——《向过去的老师再学习》。[14]

勇于实践。

郑老师认为，青年教师勇于接受公开课任务，能够快速成长。1978 年 3 月 31 日，在全国科学大会闭幕式上，郭沫若发表了《科学的春天》的书面讲话。这一年稍晚，省委书记张仲良视察扬州，当他来到扬州中学时，突然提出要听一堂语文课。学校措手不及，临时通知郑万钟，领导要来听课。“来不及准备，当堂课要讲的是《科学的春天》，我只能按计划讲。”“‘科学唱春天，诗意何清朗’，充满诗意的科学的春天，已催开百花，我们正开始谱写实现四个现代化这部伟大的历史巨著。”课堂上，郑万钟满腔激情，不时穿插一些诗句。“文章本就激情澎湃，更说出了大家的心里话，而听课的领导们，大多刚刚经历了文革的压抑，听这堂课自然是一种释放。”他的课，给省市领导留下了深刻印象。也因为这，他进入了各级领导的视线。

郑老师还带头开设选修课，不仅有拓宽、加深教材内容的选修，也有科技小论文写作。他认为语文课就应该积极创造条件，让学生多渠道、多侧面地获取信息，增长才干。他在《要给学生以广阔的天地》[15]中写道，首先要为学生创设广阔的思维空间；其次要为学生提供广阔的智力背景（积极开设讲座与选修课）；第三要为学生开辟广阔的实践场所。他强调，既应保证每堂课的效率，又应开辟课外活动阵地，让学生在课外各种有益的活动中，拓宽视野，丰富想象，触发灵感，产生智慧，启发能力。让学生在中学阶段打好每门学科的基础，致力于智能的开发和科学思维的训练。要开设选修课，举办各种讲座，上好劳动技术课，组织课外兴趣小组。郑老师说，许多科学家、发明家往往又是音乐爱好者、诗人或运动员、美术鉴赏家。他们的业余活动，不只是生活中的一种调剂，更是从又一个方面启迪了智慧。

“要努力贴近教育教学实践，而不要离开自己的教育教学实践”，这是郑老师对青年教师的忠告，而他自己更是身体力行。即使在做扬州中学校长时，不得不忙于事务，他也认为：学校的中心工作是教学，校长的主要精力和时间必须用之于教学。一个好的校长必须首先是一个好的教师，用一定的时间兼课是必要的。只有亲自日复一日地深入钻进教育教学过程的精细微妙之处，才能逐渐掌握教育、教学的科学、技巧和艺术，才能有资格去领导好教育教学的过程。他在《涉书六记》[16]中写道："那一段时间，我除了处理日常事务，完成各项工作任务外，对教育，到了专注、或是入迷、投入的程度。"走进课堂，才能想学生之所想；走上讲台，才能思教师之所思；躬行亲为，才能于教学实践的深处发现意义重大的细节，并进而从内心深处涌起不断探索、努力改善教学方式和师生生存状态的使命感和意志力，进而真正成为教学一线的带头人。始终不间断的语文教学实践锻炼了他，促使他主动学习，广泛借鉴，开阔视野，不断更新教育教学理念，优化知识和能力结构，提升专业素养。

勤于思考。

郑万钟老师是教育战线上勤于思考、勇于探索的"有心人"。他认为教师要从一个新的角度去思考问题。例如，他发现一些教师的课堂用语是根据课堂教学情境随手拈来的即兴创作，幽默、风趣，效果很好，可以作一点专门研究。为此，他找来了上海教育出版社出版的《语文特级教师课堂实录》，研读中发现一个规律：许多语文特级教师上课并不是完全照着教案办，许多时候会灵机一动，插入一两句话。他把这些话放在一个新的角度来考虑，于是创造了"碎语"这个名词。

正如原省教委领导所说，"也许是长期的教育教学工作实践给他积淀了丰富的灵感，繁重的行政事务更激发了他深层的理性自觉，这些年来，他在繁忙的工作之余不辞劳苦，不厌思考，不断探索，不辍笔耕，凭着一股对教育事业的深厚情感和执着追求，凭借比较厚实的教育理论素养、文学功底和敏锐的教育洞察力，从理论和实践的结合上，捕捉到一系列深刻的教育话题，发人深思"。[8]他的教学随笔就是思考的成果。

乐于写作。

当一个语文老师，写写文章，是郑老师觉得最快活的事。他不抽烟，不喝酒，不打牌，写文章是唯一的业余爱好。

他做青年教师的时候，读到过一篇文章，其中提到著名的经济学家、前厦门大学校长王亚南先生曾要求青年教师要努力把丰富的思想材料变为系统的语言，再把系统的语言变为科学的文字。丰富的思想材料是思考的成果，变为系统的语言就需要讲——叙述，再变为科学的文字就要落实到写——写作。当时郑老师就感到这是一位学者、教育家的至理名言，是一位长者、过来人的经验之谈，所以就时时将它激励自己，并且决心坚持这样做，而且确实做到了。

写文章可谓苦中有乐，自得其乐。不过郑老师写文章不是苦思冥想，而是有事实有感触，一蹴而就，不写不快，写了就倍感愉悦。《教海漫笔》收入的文章展现了作者一贯的思想轨迹和所追求的教育境界，获国家教委和省教委领导高度评价："从目录即可看出教育思想的闪光""题材广泛，体裁灵活，但形散神聚，主题集中，素质教育始终是作者关注的焦点和命题的中心……如果没有丰富的经验和成熟的智慧，没有对素质教育的潜心思索，没有长期为素质教育'鼓与呼'的执着情怀，是不可能奉献出如此内涵丰富、耐人寻味的力作的"。[8] 1991 年以来，《江苏教育》连载的郑老师的"漫说红楼话教育"系列文章，后由四川教育出版社出版，获江苏省第五次哲学社会科学优秀成果三等奖。此外，郑老师还在多种教育报刊和《扬州日报》《扬州晚报》上发表文章，为报刊专栏系列供稿。

纵观郑先生的语文教育思想，发现处处闪耀着智慧的火花，对今天的广大语文教师仍然有很好的借鉴意义。这应该得力于他在语文教育方面的"用心"。愿我们后来者能够向郑先生多学习，也成为勤于思考、勇于探索的语文教育的"有心人"。

参考文献

[1] 郑万钟. 漫说红楼话教育[M]. 成都：四川教育出版社，1994.

[2] 郑万钟. 教海漫笔[M]. 南京：江苏教育出版社，1998.

[3] 郑万钟. 旧日的足迹——"文革"前语文教改实践的一段回忆[J]. 语文函授，1979(5).

[4] 郑万钟. 课之三品[J]. 江苏教育报，1998(2).

[5] 郑万钟. 语文教学与能力培养[J]. 扬州师院学报(社会科学版),1981(2).
[6] 郑万钟. 语文教学与思维训练[J]. 扬州师院学报(社会科学版),1984(1).
[7] 郑万钟. “讲”与“练”[J]. 人民教育,1978(10).
[8] 郑万钟. 语文教学随笔三则[M]//郑万钟. 教海漫笔. 南京:江苏教育出版社,1998.
[9] 郑万钟. 悟性与灵气[J]. 江苏教育报,1996(12).
[10] 郑万钟. 说“碎语”[J]. 语文学习,1983(5).
[11] 顾黄初,李杏保. 二十世纪后期中国语文教育论集[M]. 成都:四川教育出版社,2000.
[12] 郑万钟. 为师四层楼[J]. 江苏教育报,1998(4).
[13] 郑万钟. “红”与“绿”三题——作文教学断想[J]. 江苏教育,1990(5).
[14] 郑万钟. 向过去的老师再学习[J]. 语文教学通讯,1983(9).
[15] 郑万钟. 要给学生以广阔的天地[J]. 天津教育,1985(11).
[16] 郑万钟. 涉书六记[J]. 江苏教育报,1999(7).

走向综合:科学与人文的融合

——蒋念祖语文教育思想研究

贾　媛

蒋念祖,1950 年生。在泰州中学完成初中学业,喜欢语文,更喜欢数学。初中毕业后,逢上“文化大革命”,失学在家,仍然在做着“数学梦”,将上海赵宪初先生编写的数学自学丛书一章一节看,一题一题做,虽然时至今日已经没有办法完成那个梦,但是学语文、教语文,都明显打上数学思维方式的烙印。日子久了,又喜爱上逻辑学、哲学,终于有一天,用一大捆数学书到旧书店换回了苏联科学院哲学研究所编著的《马克思主义哲学原理》(上、下册),度过了“文化大革命”那段“热闹”而“孤寂”的时光。下放的时候,他种过菜、养过猪,挑过担也办过厂,还因为写的演讲稿与当时的“学哲学,用哲学”正好合拍,被作为先进典型到处演讲。1977 年恢复高考,先生以初中学历考进师范专科学校,后来提前分配到江苏省扬州中学,任语文教师 31 年,兢兢业业,孜孜以求。1994 年被评为江苏省特级教师,1995 年被评为“江苏省有突出贡献的中青年专家”,1996 年获“全国十杰中小学教师”提名奖,2005 年享受国务院特殊津贴,2006 年被评为教授级中学教师。历任省中语会理事,扬州市美学会副会长,市中语会副会长,扬州市名师工作室领衔教师,扬州大学、南京师范大学兼职硕士研究生导师,民盟扬州市委副主委,扬州市政协委员。

蒋念祖在语文教学中进行思维教学、审美教育的研究与实践,参与组织实施国家教委“九五”重点课题“系统开展学科思维教育”与国家教委“九五”规划课题“全方位系统开展审美教育”。围绕这两个课题，撰写论文 70 余篇。著作有《高中议论文写作与思维训练》《艺海漫游——中学生文艺美学漫谈》《美育与中学语文教学》《走向综合》《真善美与人生智慧》等。组织编写教育部师范教育司中学教师继续培训教材，担任编辑委员会主任。参与教育部重大课题“面向 21 世纪课程标准”的研究与制订，为艺术课程标准组核心组成员，与易晓明博士合作撰写教育部《艺术教育课程标准解读》。主编教学参考资料、语文美育读本、科学人文读本数百种，撰写、主编的文字 9000 万字以上。《光明日报》《中国教育报》《中小学师资培训》《中学语文教学参考》《语文教学通讯》等曾多次作专题报道或发表经验介绍。

蒋念祖的教学实践和研究实践，可以归结为一句话：走向综合——科学与人文相融合的语文教育。蒋念祖认为，语文素养是人的整体素养的有机组成部分，人的素养又是与人的生活密切相关的，生活决定人的素养，人的整体素养决定语言素养，而语言素养本身就应该是具有综合性的，因此，提升、发展语文素养也必须走向综合，即通过多种途径来实现。为此，他在语文教育中实施了思维教学研究、审美教育，实施了科学人文相融合的语文教育，其目的都在于让语文教育走向综合，追求语文教育的生活化，或曰“回归生活世界”（胡塞尔语）。

蒋念祖的语文教育思想具有较强的体系性，那就是以“思维教学”为起点，培养科学素养，以审美教育“追求人的和谐”为教育任务旨归，将二者融通综合。本文从探讨蒋念组的“思维教学观”“审美教育观”入手，进一步探讨“走向综合的语文教育观”，进而分析三者之间的内在联系性，从而最终揭示蒋念祖语文教育思想的丰富内涵。

一、思维教学观——以思维教学为基点，培养科学素养

（一）关于思维教学的理性认识

1. “授人以鱼，不如授人以渔”

蒋念祖认为，语文教育是“工具性”和“人文性”的统一，“工具性”则强调科学精神，强调语文知识系统的科学化，强调语文教育方法、学习方法的科

学化、强调科学精神、科学素养的培养。“授人以鱼,不如授人以渔”,科学素养的培养就是要把学生从旧的教学模式中解脱出来,通过加强思维方法训练引导学生掌握科学的学习方法,树立正确的人生观、世界观和价值观,从而达到全面提高素质的教育目的。[1]

2. 语言与思维应同步发展

发展学生的思维能力,是语文教学的重要任务。这与以下几种情况有着密切的关系:第一,人们对语言与思维的关系有了更深刻的认识。思维,总是和语言联系在一起的。在语言训练中注意对思维能力的训练,就会得到语言、思维双提高的理想效果。中学语文中的范文都是作家智慧的结晶,其中有敏锐的观察、缜密的思维、丰富的想象。学习、背诵这些作品,对发展学生的各种智力都十分有利。这些观点,已成为语文学界的共识。第二,新的语文教学大纲已把“发展学生的智力”规定为语文教学目的之一,明确规定“在读、写、听、说训练之中,指导学生运用比较、分析和归纳等方法,发展他们的观察力、记忆力、思考力、想象力”是教学中要重视的问题之一。

要使得语文课堂教学成为充满学生的主体性、创造性的审美过程,关键在于让学生学会学习、学会思维,乐于学习、乐于思维;学生思维能力、思维兴趣提高了,才会在学习中发挥主体性、创造性。[2]

(二) 关于思维教学的感性实践

1. 阅读教学中的思维教学观

(1) 划归、获取、运用、反思

1995年,扬州中学的“系统开展学科思维教学”被列为国家教委“九五”重点规划课题,蒋念祖和语文组的同事们形成了这样的共识,即听说读写能力的核心是理解能力、思维能力,听说读写的过程就是一个理解、思维的过程——发现问题、分析问题、解决问题的过程。那么,如何在阅读教学中发展学生的思维能力?蒋念祖认为,在具体的思维实践中,要达到良好的效果,必须明确思维目的,获取思维材料,掌握思维方法,富有思维兴趣;在长期的思维实践中,如果不仅注意以上几个方面,而且注意经常引导学生“反思”思维过程,培养良好的思维品质,学生的思维结构将会得到优化,学生的思维能力将会得到提高。

有了方向后，将理念落实到具体阅读教学中：首先是引导学生学会明确阅读思维目的就是"化归"，即把阅读中遇到的问题化繁为简，缩短已知与未知之间的差距。其次是帮助学生学会获取相关思维材料。老师解决阅读中的问题也离不开"材料"，所以教师也要帮助学生在上下文中，在参考资料中，在记忆中搜寻相关材料，这样，他们才可能开展有效的解决问题的思维。第三是帮助学生掌握阅读思维方法，比如：分析和综合（整体、部分）的方法；抽象和概括（抽取本质特征，推广到同类事物中去）的方法；归纳（个别——一般）和演绎（一般—个别）的方法；比较、类比（个别—个别）的方法等。第四是帮助学生形成阅读思维情意，就是激发学生的阅读思考的兴趣。第五是帮助学生提高阅读思维品质，主要是灵活性、深刻性、独创性、批判性、敏捷性等。第六是帮助学生学会监控思维过程（反思），学生经过思考获得的结果，对，对在哪里？错，错在哪里？应该去反思，形成反思的习惯。

（2）"自能读书"模式的强化

20世纪八十年代，蒋念祖承担了章熊主编的《全国重点中学初中语文实验教材》的试教工作。结合自己自学的经历、体会，他认识到，语文教学应当把培养学生"自能读书，自能作文"[3]作为重要目标，而实现这一目标，最重要的是探索有利于培养学生自学能力的教学模式，从而制订长期的合理的教学计划。

具体的实施办法是：①要求学生课前常规预习（字词的音形义；课文提要；内容；写法；课后练习题）；②课前提出问题（其中的难点就是课堂讨论的重点）；③检查预习后，针对重点难点问题，展开课堂讨论（明确问题关键；引导查找资料；思维加工，得出结论；反思思维过程），讨论不仅为了解决问题，也引导学生学会如何思考、分析、解决问题；④迁移训练。

2. 写作教学中思维教学观

蒋念祖认为，思维教学在论说文写作教学中大致形成可供操作的系列。各种类型的议论文，其写作过程，大体可以归结为提炼论点、将论点分解为分论点、论证论点以及修改等基本环节。这些环节，从思维科学的角度看，都离不开各种思维方法、思维形式的运用。而学生议论文写作中一些常见的毛病，如不善于提炼论点，不善于展开说理论证，拿到题目后感到无话可说或者议论起来套话连篇,容易模式化、绝对化等,其实质还是在于不能掌握、运用各种思维方法、思维形式,缺乏良好的思维品质。

据此,蒋念祖提出可以而且应当以思维训练为主线,进行议论文写作训练,具体的实施办法是:首先,在传授有关知识的基础上进行单项思维训练,让学生掌握各种常用的思维方法和思维形式;然后引导学生将各种思维方法、思维形式运用于议论文写作的全过程,让学生学会如何提炼论点、展开论点,如何使论点准确、鲜明、深刻、新颖,如何对论据材料进行选择加工(取舍、阐释、论证、评价等);最后,将论述文按文中所运用的思维方法分类,分为阐释型、因果型、比较型、决策型、论证型等类型,分别进行各种体式的论述文训练。这三个阶段由单项到综合,由简单到复杂,螺旋式上升,形成一个循序渐进的训练体系。抓住了这条训练的主线,就抓住了议论文写作教学的主要矛盾,就能够形成训练的序列,从而能解决议论文写作教学中存在的主要问题,就能将提高学生思维能力和议论文写作能力的目标落到实处。

二、审美教育观——以追求人的和谐发展为旨归,培育人文素养

(一) 对于审美教育的认识:追求人的和谐发展

蒋念祖认为,"美"是所有我们认为美的具体事物的一些共同特性。首先它们必须是有具体形象的,就是说是可以感受得到(看得到,听得到)的,美学本来意思是"感性学",没有感觉得到的东西说它是美的,那是把美泛化了。比如心灵美,那不如说是善。心灵的善通过形象流露出来,那才是美的。第二,美的事物的形象一般说来是符合形式美规律的,比如对称、均衡、多样化统一,简言之,是和谐的。第三,任何事物既然都有形式,也必然蕴涵它的内容,任何美的事物,它的内容一般而言既符合真,又符合善的,即所谓"合规律"与"合

目的”的辩证统一——真与善的和谐统一。第四，美的事物必须是符合形式美规律的形式与真与善的内容的和谐统一。这四个方面，是美的事物的特性。

但是具有这四个特点，只能说该事物具有了“美”的“潜质”，如果没有人欣赏，那这美的价值还不能得以实现，我们常说世界上不是缺少美，而是缺少发现美的眼睛。说得更恰当些，那事物所具有的美的特性，正好符合我的口味，那“美”的“潜质”才能够得以实现——这也正是“审美主体与客体的和谐统一”。所以说“求美”最为理想的状况就是这五个环节上，均能实现“和谐统一”。哪个环节上产生矛盾，感觉到不和谐，那么肯定就会感到“不美”，必须消除矛盾实现和谐，才能够感觉到美。所以大体上可以说：美，就是和谐；美感，就是和谐感；审美教育，就是追求人的和谐发展的教育。[4]

(二) 审美教育思想形成的背景

当今世界，理性与感性、抽象与形象、理智与情感、功利与超功利，矛盾的双方均偏重于前者，造成人类文化、人的素质的严重失衡。审美教育的追求是追求“和谐发展”，因而在现实中，是遏制失衡、“单向度发展”所必须的；“和谐发展”几乎可以成为人类的终极追求，审美教育对于人类而言，是追求人类文明、人的素质全面发展的需要，具有极其重要的价值。当今世界，为知识经济时代，人才竞争激烈，特别需要创新型人才；而人的素质的全面发展，则是创新型人才的重要基础。当代脑生理、心理科学和教育学认为：人的“科学素质、人文素质”的全面发展、相互融合，是实践能力与创新素质(包括创新精神、创新能力)产生的基础。虽然有不少具有创新素质的人未必具有健全人格、全面素质，但是培养创新素质还是应该强调“科学素质、人文素质”的全面发展、相互融合，不应该因重视前者而忽略后者。审美教育有助于培养形象思维、直觉思维，有助于培养超越狭隘功利的广阔心胸，有助于提供深厚的精神滋养、情感意志——这便是钱学森临终嘱咐的深意所在。当今世界物欲横流，特别需要提升人生境界。冯友兰、朱光潜、张世英诸位大家虽然说法不尽相同，实际上均以审美境界为人生最高境界。叶朗综述各家，明确提出：“一个人的人生可以分成三个层面：日常生活层面，工作或事业的层面，审美和诗意的层面。”人生在世，如若对人生意义无所觉解，那是庄子《齐物论》所描述的原始的"天人合一"状态;有了主体意识,有了对人生意义的觉解,就有了功利观念、道德与知识的追求;如若超越了狭隘的功利观念,超越"主客二分",实现"主客融合",万物一体,民胞物与,那就达到"真善美"统一的审美境界。由此可见,"审美境界"就是在具有自我意识的前提下,又能"跳出自我,跳出主客二分的局限",这就是审美教育强调和谐发展的意义所在。在当今世界文化的宏观背景之下,方能省察审美教育的重要性。[5]

(三) 审美教育的具体实践

1. 写作教学中的审美教育观

(1) 以审美能力为培养主线,追求"真"和"美"的统一

蒋念祖认为,用于抒情写意的记叙文,这类记叙文写作固然需要重视抽象思维训练,但是训练的主线应该是一个包括审美观察、审美想象、审美情感、审美理解、审美创造等因素在内的审美能力的训练过程。写景抒情文章,要求学生能够准确地把握景物的特征,主要是其形状、色彩、运动状态、空间位置方面的特征,因此需要借助于科学的观察,这样才能使景物描写建立在真实可信的基础上,才能改变学生作文中内容空泛、套话连篇等毛病。但是,为描写景物所进行的观察训练,决不能停留在科学观察之中。因为科学的观察往往带有较强的分析性、解释性,这在科学研究中是必要的。但在景物描写中,则可能使景物描写失之琐碎,缺乏统一的鲜明的意象。只有在审美观察的基础上描绘出来的画面,才是既真实,又美好的画面。审美观察其实是审美移情、审美想象、审美理解、审美创造相互融合的过程。以审美能力的培养为主线,进行记叙文写作训练,则是抓住了问题的关键。

(2) 由"放"到"收"重观察,多种评改促"语用"

据此,蒋念祖牵头编写了《记叙文写作训练教程》:初一、初二指导学生写观察笔记,写"放胆文",充分调动、激发学生"自由发表"的积极性,同时切实地、系统地进行观察(包括审美观察,下同)方法的训练。初一进行观察、想象等能力的单项训练;初二年级教师联系生活指导学生进行观察、想象能力的综合训练;初三再由"放"到"收",进行立意选材、谋篇布局等写作方法的训练。这样,切实地对写作的全过程进行系统的指导、训练。至于语言运

用,根据有关研究资料,在讲解语言知识以后进行相关训练固然有一定作用,但是语言运用能力的提高,主要靠阅读写作过程中潜移默化,形成语感。在这过程中,学生对语言美的自觉追求起着极为重要的作用。为此蒋念祖设计了一个作文评分的方法:每次作文,内容上以讲解、训练的观察方法为评价标准,语言运用上每个学期从语法、修辞、语用等角度由低到高提出评分标准,把学生的自评自改、互评互改与教师的评改结合起来,使得评改过程成为学生进行观察、想象能力和语言能力训练、语感培养的激励因素。

2. 阅读教学中的审美教育观

(1) 课堂应体现和谐、节奏之美

长期以来,语文课趣味索然,学生深感不满,除了课文陈旧、应付考试等因素外,其中一个很重要的原因就是语文教学忽视了“审美”,课堂教学中“审美”力度不够。在相当一部分语文课堂里,教师完成了词义分析、语法分析、修辞分析、内容分析、思想分析和写作特色分析等,就是没有进行至关重要而必不可少的“审美”赏析。这不能不说是语文教学的一大积弊。

蒋念祖认为,在我国关于教学方法的研究是极为活跃的,教学方法讲究的是教学的艺术,其核心是课堂教学过程的审美化,是要使得教学过程既合目的性,又合规律性,体现出和谐、节奏之美,让学生从中获得美的享受。发展学生的个性,发挥学生学习的主体性,这些都是审美教育的重要内容。

(2) 感悟美、品味美、创造美的“审美”教学模式

语文学科的性质决定了语文教学“审美”的必然性。而“审美”的教学理念又必须通过“审美鉴赏”来实现,尤其是一些文学作品,如果不进行“审美阅读”,不但根本无法体悟其中所蕴涵的多种美,而且也不可能真正引发学生的兴趣和热情,无法使学生进入投入和专注之境界。语文教学的美是多方面多层次的,自然美、社会美、艺术美等都或多或少地有所涉及。过去的语文教学对文学作品出现的丽词佳句、精彩语段、复杂性格等关注较多,对这些本身很美的内容(情节)展开审美是需要的,但仅止于此则远远不够。有些极平常的语言,在大师们的笔下却变成了具有非常表现力的“美点”,必须作一番审美鉴赏,产生语文教学的审美效应,实现审美超越,从而体现并落实通过文学作品感悟美、品味美、创造美的“审美”教学模式。

蒋念祖提倡“审美”发掘，所谓“发掘”，就是指对语言的品味、语意的琢磨、情感的提炼和思维的深化等，以此体会文本之美。他认为，语文课堂的波澜不兴和枯燥乏味，与语文教师未能立足语言、有效地启发学生对教学内容进行深层次的发掘关系很大。强调“发掘”，教师要深入钻研教材，认真思考设计，突破思维定势，努力将学生的兴奋点和教学重点、要点等有机结合起来，构成教学的“热点”“亮点” 和“美点”，引导学生寻幽探胜，品味文美。譬如汪曾祺的《胡同文化》中写到北京的胡同衰败时有这么一句话：“除了少数‘宅门’还在那里挺着，大部分民居的房屋都已经很残破……”一个“挺”字就用得相当传神，它与“立”“站”“留”“存”等普通动词大不一样，有着丰富而深沉的内涵，需要透过语义去发掘语意、情感。“在商品经济大潮的席卷之下”，作为一种兼有建筑和文化双重功能的胡同“消失”之前那种“强颜欢笑”地艰难而无力地支撑着的苍凉之状，以及作者面对胡同没落而生发的“怀旧”、“伤感”、留恋而又“无可奈何”等“怅望低徊”的复杂情感、心态表现得惟妙惟肖、可感可触。如此“发掘”，学生会觉得“闻所未闻”，耳目一新，自然也就来劲了，便全神贯注地投入思考和分析。语文教师倘能够经常以这样的“发掘”去激活和驱动学生，语文课必定充满情趣和魅力，洋溢活力与美感。“语文课就是要通过这一篇篇作品的教学，使学生能够完善审美心理结构，使其人格和个性得到完美、和谐的发展，达到塑造美好心灵、陶冶高尚情操的目的。”这些思想和实践，充分体现了对学生主体性、创造性的重视，也体现了审美教育的精髓。

三、科学人文相互融合的语文教育观——培养具有综合素养的创新型人才

(一) 科学与人文融合是时代的需求

文学语言素养和人文素质的提高发展之间，科学语言素养与科学素质的提高发展之间，都存在着辩证统一关系；人文文化和科学文化之间，人文素质和科学素质之间，也存在着辩证统一关系：绝不应该畸轻畸重，片面发展。[6]

现代研究表明，科学素养与人文素养应同步发展。科学包括科技知识、科学思维（思想）、科学方法与科学精神。人文当然也是应包括人文知识、人

文思想、人文方法与人文精神。过分强调科学忽略人文，是科学主义；过分强调人文忽略科学，是人文主义。在人类思想发展史上，一直存在着科学主义和人文主义两大思潮：科学主义要求以自然科学的眼光、原则和方法来研究世界，它把一切人类精神文化现象的认识论根源都归结为数理科学，强调研究的客观性、精确性和科学性。人文主义则强调以人为本，把人当作研究的核心、出发点和归宿，希望通过人本身的研究来探寻世界的本质与其他问题。现在这两大思潮正趋向融合。曾任英国政府科学顾问的小说家、物理学家查尔斯·珀西·斯诺在1959年发表了题为“两种文化”的影响深远的演说，指出了科技文化与非科技文化在价值观念和思维方式上的差异及其对创造、突破带来的障碍，主张这两极文化的相互融合，而使得两种文化融合的重要途径是学校教育。美国著名科学家乔治·萨顿在《科学与艺术》一文中详细阐述了这两种文化的巨大差异，强调两者不可或缺，而又必须相互融合补充。关于中西方文化的比较研究表明，“天人合一”作为中华民族文化的根本特点，与西方文化的“主客二分”截然不同。从价值观念上看，中华民族趋向于“求善”，西方民族趋向于“求真”；从思维方式上看，中华民族偏重于感性、直觉、整体思维，西方民族偏重于理性、逻辑、分析思维。中西方文化的交流融合，也正在成为世界性潮流。对大脑左右半球功能的研究表明，人的大脑由物理上相等的两半球组成，左右半球各有分工、各有专门的功能，左半球具有语言的功能和分析的功能，右半球具有非语言的和整体性的功能；左半球具有分析的、理性的、逻辑的理性的功能，右半球具有非理性的、直觉的和整体的功能。创造思维能力就是由两种思维方式——形式逻辑与审美逻辑综合而成的“互补结构”。

倡导科学精神与人文精神的交汇融合，倡导自然科学与人文科学的一体化发展，倡导西方文化与东方文化的交流融合，倡导同时注重发掘左脑右脑的潜能，培养具有科学素质、人文素质的综合型创新型的人才，吸收了思想文化、教育心理、语言文艺等各学科专家学者的研究成果，顺应了历史的潮流，时代的需求。

（二）“走向综合”的要旨——培养具有综合素养的创新型人才

“科学人文相互融合的教育”就是以“科学文化与人文文化相互融合”的

文化,教育学生,使得其科学素质和人文素质得以全面发展。而“科学人文相互融合的语文教育”就是在注重全面发展学生科学素质、人文素质的前提下,重点发展学生的语文素养——科学语言素养,人文语言(文学语言)素养和日常生活语言素养。科学与人文相互融合的语文教育,一是强调语言素养与综合(整体)素养之间的辩证关系(局部与整体;点与面;工具理性与价值理性);二是强调两种素质(科学素质与人文素质,科学语言素质与人文语言素质)之间的辩证关系。概括而言:科学人文相互融合的语文教育,其目标就是培养语言能力及其学力与人格、知识、技能、能力与兴趣、动机、态度等同步发展、全面发展的人才:既要让学生掌握“实用”的科学的语言,也要让学生掌握“文学”的语言;既要让学生学会“经世致用”“认识、改造客观世界”,也要让学生学会“修身养性”“认识、改造主观世界”。为此,就必须既注重自然科学知识、自然科学理论的学习,又注重人文科学、文学艺术的学习;就必须既注重科学素质、科学精神、科学思维方式的培养,又注重人文素质、艺术修养、审美趣味、超越精神、健康人格的培养;就必须既注重语言能力、思维能力训练的系统性、科学性,又必须注重语感、审美趣味、文化品味的养成的模糊性、艺术性;就必须把语文教学活动与自然科学、社会科学教育、艺术教育以及学生的生活实践紧密结合起来。

综合性语文教育,即科学人文相互融合的语文教育,适应了人类思想发展的潮流,适应了新世纪对于综合性人才、创造性人才的需要,适应了贯彻新课程标准精神的需要。把握了“综合性”,就把握了新课程标准的核心、精髓,就把握了语文课程标准的目标——培养发展学生的语文素养。

(三)科学人文相互融合的语文课程观、教材观

蒋念祖认为,在教材编写以及课堂教学中,首先应该坚持知识、能力与情感、态度、价值观的辩证统一。以前的语文教学中的确有过分偏重语文知识而忽视能力、兴趣情感的倾向,但是现在不能因此彻底否定所有语文知识,科学的态度是对于语文知识进行具体分析。以前常说的语文基础知识包括字词句章,语修逻文。这些基础知识中,有些似乎学了暂时未必有用,比如语法修辞;但是还有一些语文知识,比如文章学,学习一点,无论是学习科学作品还是学习文学作品,都是大有裨益的。如果把文章学中陈述性的

知识，转变为近乎实用阅读学、实用写作学的程序性知识或方法的策略性知识，那么，对学生的阅读写作都可能产生具体的指导作用。现在的教材大多按照“话题”组织单元，教师在组织教学单元时，不仅着眼于“话题”，也兼顾到文体，这些文体知识完全应该也完全可以成为教学单元的有机组成部分。还有一些知识，比如哲学、文化学、思维科学、审美教育等方面的知识，对于学生“文化品位，审美情趣，知识视野，情感态度，思想观念、思维品质”的培养发展，都是大有裨益的。

他认为，具有“科学人文相互融合”理念的语文教材必须具备如下特点：①双线结构，体现语文知识能力与科学人文素养并重的思想；②话题的选择安排，科学、人文（艺术、审美）并重；③选文的内容和体裁，科学和社科、文艺并重（目前，阅读写作教材中均有忽视科技文、实用文的倾向，必将贻害无穷）；④学习活动的设计，积累感悟和实践练习并重，实用、探究和审美欣赏并重。所编“职业高中创新型语文教材”，充分体现了上述理念。

“科学人文相互融合”的课堂教学应该具有如下特点：①既注重知识能力培养又注重情感人格发展；②既注重感悟体验，又注重理性思考；③切入点是语文教学的根本——语言（听说读写的能力与兴趣）；④真正着眼于培养发展学生的主体意识，发挥学生的主体作用，坚决反对弄虚作假，让学生做傀儡、玩偶。

(四)走向综合即把写作教学与学生的"社会化""人化"结合起来

蒋念祖的《走向综合——作文教学改革的必由之路》一文,具体阐述了这一理念:所谓趋向于"综合",就是不再把作文训练看成是单纯的写作技能、技巧的训练,而是把作文训练与观察、思维、想象等认知能力、审美能力的训练,与写作兴趣、审美情感的激发、培养,与阅读教学乃至于各科教学与学生的整个生活实践结合起来,一言以蔽之——把写作教学与学生的全面素质培养,与学生的"社会化""人化"结合起来。[7]《教方法、给材料、设情境》一文,则介绍了这样教学方法的实施办法:"教方法"不仅仅是指"表达方法",还有收集材料的方法,思考的方法等。"给素材",不仅仅是提供一些事实、名言警句,给学生作为论据材料。大而言之,我们说的是要抓住一切时机,给学生提供帮助他们发展提升科学素养、人文素养的材料。科学素养、人文素养的发展提升,主要依靠长期的日积月累、潜移默化,但是在写作训练中系统给学生提供基本的科学、人文常识,引导帮助他们进一步搜索、学习、运用相关资料,应该也是一条重要的渠道。至于设置情境,需要具体分析。学生走向社会,大多还是要写实用的、有针对性的文章,教师设置情境,可以培养他们写这类文章的意识、能力。但是也未必"清一色"开头就由教师设置"特定情境"。开头不设置特定情境,想办法引发学生的真情实感、联想想象,虽然没有"立竿见影"的实际效用,但是对于"怡情养性"大有裨益,这正是审美教育"超功利"的"功利"啊!两种情境都要有,两种文章都要写。如果先"放"后"收",在互动中生成有针对性的话题,可以兼两者之长。著名哲学家冯契在《智慧三书》中说过,他做学问做人的体会就是一句话:化理论为方法,化理论为德行。[8]这句话揭示了知识(亦即材料,冯先生特别强调的是理论,理性材料)、方法(材料积淀、内化为观念,观念转化为方法,掌握、运用方法便成为能力、成为人的道德实践、处世之道)和人格情感德行之间的内在联系。明乎此,就明白了"三维目标"的内在联系,就会相信:"教方法,给素材,设情境"的作文教学方法,必将有助于学生科学素养、人文素养与科学语言、日常语言素养与文学语言素养的同步提高,有助于突出、落实基础教育课程改革的目标——培养全面发展的创新型人才。

以上关于作文教学的理念,体现在《蒋念祖教你写论说文》《蒋念祖教你写记叙文》中。

纵观蒋念祖的语文教学思想发展历程，我们不难发现，思维教学、审美教育、科学人文相互融合的语文教育，这“三部曲”正体现了鲜明的发展脉络和逻辑性。科学人文相互融合的语文教育，是在语文教学中实施思维教学、审美教育这两个课题合乎逻辑的发展。当今世界，中西方文化，科学文化与人文文化，正走向综合；当今世界，需要的是综合性人才，需要的是综合性课程；语文教育培养学生的语文素养，从目标到方法都含有“综合”的意思。综合是生活世界的特征，是创新的基础，时代的需要。蒋念祖老师在扬州中学亲自参与了思维教学与审美教育这两个课题，现在又进行科学人文相互融合的语文教育的探索，实则是由自发到自觉，经历了“走向综合”的历程，可见，扬州中学科研发展的方向，蒋念祖老师科研发展的方向，是顺乎时代发展潮流、引领风气之先的。

人的境遇和天赋是不可以选择的，但是想要活得充实、活得快乐、活得有尊严，则是完全可以选择的。命运决定了蒋念祖做一名教师，正好合乎他的心意；他选择了做“学习型”的教师，这也是其性格使然，经历使然。我们请问先生如何做一名语文老师，先生答，各人的看法如同冰山露出水面的部分，水下的部分是他的经历与意识：“我自己是把语文与做人、做事看作是一而二、二而一的，合二为一的。因为我自己学语文，就是和我的生活中的酸甜苦辣，和我的学做人、学做事和在一起的。”

参考文献

[1] 卞良玉，陈玲玲. 逍遥游——扬帆教海乐无涯 [J]. 语文教学通讯，2006(3).

[2] 蒋念祖.《思维科学理论指导下的语文阅读课堂教学》[J]. 扬州教育学院学报，2000(1).

[3] 蒋念祖. 让情感和智慧的火花竞相绽放[J]中学语文教学参考，2006(3).

[4] 卫刚，蒋念祖. 真善美与人生智慧[M]. 苏州：苏州大学出版社，2012：104.

[5] 蒋念祖. 走向综合[M]. 南京：凤凰出版社，2012：6.

[6] 蒋念祖. 综合性：新课程标准的核心理念[J]. 语文教学通讯，2009(1).

[7] 蒋念祖. 综合——作文教学改革的必由之路[J]. 扬州教育学院学报，2001(2).

[8] 冯契. 认识世界和认识自己[M]. 上海：华东师范大学出版社，1996：156.

立足语言　培养学生的思维、审美、创新能力

——黄正瑶语文教育思想研究

孙国强

黄正瑶，江苏扬州人，1950 年出生，1969 年插队，1978 年考入南京师范大学中文系，1982 年毕业后分配至江苏省扬州中学工作，任语文教师、政教处副主任、主任，1999 年调至扬州大学附属中学任校长。

1998 年被评为江苏省中学语文特级教师。2006 年被评为江苏省首批中学语文教授级高级教师。江苏省中语会常务理事，扬州市中语会理事长、扬州市中小学名师工作总室领衔教师，扬州大学兼职硕士研究生导师。被评为江苏省名教师、扬州市名校长、江苏省有突出贡献的中青专家，享受国务院颁发的政府特殊津贴。参与国家教委“九五”重点课题“学科思维教育研究”的研究工作，主持江苏省“十五”名师专项课题“综合思维教育及操作系统研究”、江苏省教研重点课题“高中语文选修教材教学模式与评价研究”，取得较多成果。发表论文数十篇，主持的“高中语文选修教材教学模式研究”获得江苏省首届基础教育教学成果奖一等奖。

黄正瑶老师从事语文教学 30 多年，他认为语文教学首先要引导学生学习汉民族语言，这是最大的人文性，语言教学必须与思维、审美结合，否则就是舍本逐末，语文教学还必须注重创新，培养学生的核心素质。他的教育思想可概括为：立足语言，始终把听说读写的语言教学放在基础的位置上，注重培养学生的思维、审美、创新能力，语言、思维、审美、创新四位一体，以此作为语文教学的突破口。纵观他的语文教育思想形成过程，主要经历了这

三个阶段:立足语言教学,提高学生的思维能力;挖掘人文内涵,提升学生的审美能力和品质;组织探究学习,培养学生的创新意识。

一、立足语言教学,提高学生的思维能力

1982年,黄正瑶老师从南京师范学院毕业,到扬州中学任教。由于他“文革”前只读到高一,对高中的教材并不熟悉,也由于他对做语文教师的心理准备不足,对中学语文教学并没有什么好方法。但扬州中学是他读书的地方,那里有他的许多老师,这些老师语文教学功底扎实,各具风格。于是他认真听张家骞老师的作文讲评课、张贞忠老师的文言文阅读课、张铨老师的现代文阅读课……对语文教学有了初步的认识。后来,他又认识了扬州师范学院顾黄初教授、泰州中学洪宗礼老师和扬州市教研室林润昌老师等,这进一步开阔了他的视野,使他对语文教学理论有所涉及,认识到工具性与人文性的统一是语文课程的基本特点。

在这一阶段,他汲取语文教学重“双基”(基础知识、基本能力)的传统,并确立了语言教学这一突破口。他认为:“从语文教学的实际考虑,语文教学的基点应该是对语言文字的掌握和运用。因为,离开了语言文字,任何文学、文化、写作等知识的掌握和运用都不复存在。这就像一个人,首先要站稳脚跟,才能向上攀登一样。如果说两只脚是基础,那么,一只脚应该是语言,另一只脚是思维,而双手担负的是审美和创新的任务。语言文字教学是

语文教学的根，而语言与思维有着密切的联系，语言是思维的物质外壳。语文教学必须有牢固的基础，只有站稳脚跟，语文教学才能健康发展；站稳了脚跟，打好语言和思维的基础后，就要追求审美和创新的更高目标。”在具体教学中，他改变传授知识、面面俱到的讲法，尝试着抓具体的语言材料，把重点放在语言教学中。教《苏州园林》，抓住“务必使游览者无论站在哪个点上，眼前总是一幅完美的图画”中的“总”字分析探讨；教《孔乙己》，抓住“孔乙己是站着喝酒而穿长衫的唯一的人”中的“唯一”深入剖析……

这一时期，对他语文教学产生较大影响的是顾黄初教授。顾黄初教授是扬州师范学院中文系讲授教学法的著名教授，因为经常带学生到扬州中学实习，从而与黄正瑶老师相识。顾黄初教授认为“教语文就是教祖国的语言和文字，任务是要培养和提高学生理解和运用祖国语言的能力，这是中小学设置语文课的根本宗旨所在”；语文教学就要“牢牢抓住‘语文’二字，充分理解语言和文字的性质、特点和功能，正确把握人们学习语文的过程，把‘语文’作为牛鼻子，用它来统率整个语文学科的教学内容”。顾教授的话使他进一步认识到对语言文字的掌握和运用应该是语文教学的基点，理性认识的升华引领他从语言文字这个基点出发把握语文教学。后来，扬州市教研室林润昌老师安排他参加《语言教学与训练》一书的编写工作，在林润昌老师的指导下，黄正瑶老师比较系统地对语文教材中的语言现象进行了梳理，确定了每一课的语言教学点，并统筹设计教学步骤，初步形成了自己的教学风格。

20 世纪 80 年代末，扬州中学申报了省级课题“思维教育研究”，1992 年，又在省级课题基础上承担了全国教育科学“九五”规划重点课题“中学系统开展学科思维教育研究”的任务，黄正瑶老师参与了课题研究。他认真阅读了钱学森主编的《关于思维科学》、夏甄陶等主编的《思维世界导论》、林崇德撰写的《学习与发展》等思维科学方面的专著，认识到语言是思维的物质外壳，要让学生掌握语言运用的规律，必须提高学生的思维能力和思维品质；懂得了除形象思维、抽象思维外，还有灵感思维存在；领悟到思维品质应该与思维能力同步提高。

黄正瑶老师认识到“语文教学的基点是对语言文字的掌握和运用，但要真正解决语言文字的掌握和运用问题，必须提高学生的思维能力”。语文是以单篇课文作为基本教学单位、以语言学习作为主要教学内容、以形象作为主要理解契机的学科。语文教材中大量课文是以形象来反映生活、揭示主题的，即使是以抽象思维为主的议论文，也有不少形象贯穿其中。因此，他领悟到“语文教学不仅需要严密的逻辑推理，更需要形象思维能力和灵感思维能力”。正是基于这样的认识，他在提高学生形象思维能力和灵感思维能力方面作了积极、有效的探讨。

形象思维是以意象、想象、显示、描述作为思维形式的，其中想象是关键的一环。要提高学生的形象思维能力，重点就是要提高学生的想象能力。通过教学实践，黄正瑶老师把想象能力的提高分为丰富意象阶段、组合意象阶段和形象再创造阶段，并在语文教学中实施。例如，他在教《望天门山》时，让学生将诗歌改写成散文，他发现学生基本上只是对诗句进行了翻译，缺乏想象和联想的成分。于是，他引导学生列出诗中的“天门”“楚江”“碧水”“青山”“孤帆”等单个静止意象，又引导学生加上“断”“开”“流”“回”“出”“来”等动词，使单个静止意象逐渐丰富，形成整体意象，构成一幅舟行江上的画卷，再加上合理的想象，浪涛声、号子声、船夫歌声、绿树红花、山寺晨钟……意象更加丰富、完整，诗的意境也越来越美。这一教学过程就是丰富意象的过程，在此基础上再改写成散文，于是出了一批比较好的文章。再如，在教《祝福》时，他引导学生将祥林嫂三次反差极大的外貌形象进行动态组合，用语言勾勒出祥林嫂一生的悲剧，使学生对封建礼教，特别是封建政权、族权、神权、夫权四条绳索摧残迫害劳动妇女的罪恶有了深刻的认识。在教《涉江》时，他引导学生注意“奇服”“长铗”“切云”等词语不能局限在原型意象的理解上，而应充分挖掘它的寓意，结合诗人的遭遇、志趣，组合为较高层次的再造意象，这就是组合意象的过程。而形象再创造，则是突破客体形象本身的意义和规定范围，具有创造性思维特征的想象的较高级阶段，可分为延伸性形象再创造和逆转性形象再创造两类。在教《守财奴》时，他引导学生进行延伸性想象，设想“到那边”“交账”时的情形；在教《天上的街市》时，他引导学生将诗中牛郎织女的形象与民间故事《牛郎织女》中的形象进行比较，这个方法提高了学生逆转性形象再创造的能力。

在反复启发和引导下，学生的形象思维能力得到了较快提升。曾经有一个学生在《“弄斧”新篇》中写道：

匠石回到家睡了三天三夜，终于爬了起来。鲁班门前的耻辱激起他的自尊：我一定要超过鲁班！从此，他离开了家乡郢都，跋山涉水，寻访名师求教……

三年后，鲁班忽然收到了匠石的邀请函。带着轻蔑的表情，鲁班来到了郢都……望着郢人鼻尖上的石灰，鲁班拿着斧子愣在那儿。匠石微笑着抡起斧子，斧子带着呼呼的风声砍向郢人的鼻尖，石灰粉撒落在地上，一粒、两粒、三粒……落在鼻尖上的石灰砍光了，而郢人的鼻子依然如故。匠石回过头来，发现鲁班已不见了踪影。

“班门弄斧”“运斤成风”这两个成语被巧妙地结合在一起。这就是逆转性形象再创造能力的体现。

在教学中，黄正瑶老师认识到，要充分调动学生的逻辑思维、形象思维，但仅靠这两种思维形式学习语文是不够的，他又开始考虑灵感思维。

黄正瑶老师认为，灵感思维是在一定的形象思维和抽象思维的基础上，显意识和潜意识相互作用，产生前所未有的新意象或新概念的一种突发性思维方式，是创造性思维的一种形式。如何激活学生的灵感？通过实践，他探究出了一套可行的方法。要激活灵感，首先要有深广的基础，要在头脑的信息库中积累大量的资料，激活灵感的过程实际上就是激活尘封已久的信息资料的过程；其次要学会主动迁移，教师指导下的迁移是被动迁移，学生自己思考后实现的迁移才是主动迁移，主动迁移是激活灵感的第一步；第三是强化求异和发散思维，“循轨”思维束缚了学生的创造力，而求异和发散的“越轨”思维才能激发灵感的产生；第四要善于捕捉思想闪光，灵感来去突然，有时甚至在睡意朦胧中产生，但稍纵即逝，因此要迅速及时地抓住灵感，甚至要立刻用笔记录下来；第五要善于变模糊为清晰，灵感产生时是模糊的，并不能马上形成清晰的思路，并带有很强的或然性，这时需要有能力变模糊为清晰，通过严密的逻辑思维使灵感变成清晰的思路。在灵感激活的过程中，关键是打破思维定势和习惯思维的束缚，提倡求异和发散思维。

在阅读教学中，黄正瑶老师注意采用各种方式诱导学生，激活灵感。比如教《阿Q正传》，学生习惯于在周围的弱者中发现精神胜利法的存在，他注意引导学生跳出思维定势的圈子，启发学生进行跳跃性的求异思维，迸现思维的火花，进而对这些火花逐一分析。学生清晰地认识到，《皇帝的新装》中光着身子坚持游行完毕的皇帝、《雷雨》中按照侍萍当年的情形布置房间以摆脱情感空虚的周朴园、《装在套子里的人》中被柯瓦连科赶回家就撤掉华连卡照片的别里科夫，何尝不是精神胜利法的代表？精神胜利法是没落统治阶级所共有的，这是共性；而没落统治阶级的精神奴役，在阿Q身上留下的创伤，形成的阿Q的“精神胜利法”，则又有他的个性特征。这也许正是阅读教学中激活学生灵感的一个例子吧。

在作文教学中，黄正瑶老师注意引导学生通过概念分析、因果分析、比较分析、辩证分析等理性思维来深化学生文章的立意，通过联想和想象等形象思维方式来丰富文章的形象，更注意调动学生的灵感思维，通过激活学生的灵感引导学生写出新意。前面提到的《“弄斧”新篇》就是激活灵感思维的例子。若无“运斤成风”的知识积淀，若无主动迁移、求异发散的思维过程，文章作者怎么会捕捉到“匠石”的灵感火花？又怎么会将“匠石”和“弄斧者”联为一体？而“匠石”形象的出现是一个由模糊到清晰的过程，用小作者自己的话说，看到作文题“‘弄斧’新篇”，他首先想到的是“弄斧者”认识到自己的狂妄自大，继而想到的是“弄斧者”失败后如何虚心求教，但这都不“新”，想了一阵，毫无思路，突然想起了“运斤成风”，木匠用斧子，“斤”也是斧子，抓住“斧子”，匠石的形象就出现了，进而逐步形成了“弄斧者”和“匠石”合为一体的构思。信息储存——主动迁移——求异发散——捕捉火花——逐步清晰，运用这个步骤往往能把难以把握的灵感思维落到实处。

1999年，黄正瑶老师调至扬州大学附属中学担任校长，他继续思考语言运用及思维能力培养问题，并申报了省名师专项课题“中学语文综合思维教育及操作系统研究”，进一步就语文学科融形象思维、抽象思维、灵感思维为一体的综合思维教学模式进行探讨，于三种思维形式在课堂教学中的相互转换和综合思维能力提高方面取得较多成果，先后发表了《发展形象思维能力，提高形象思维品质》《逻辑性——议论文语言教学的重点》《〈卖柑者言〉中的类比推理》等论文，课题研究成果获得结题专家的高度评价。

二、挖掘人文内涵，提升学生的审美能力和品质

在着力语言和思维研究的基础上，黄正瑶老师开始了提高学生的审美能力和审美品质的实践与研究。他认为工具性与人文性的统一是语文课程的基本特点，提高学生的审美能力是语文学科人文性的体现。

1992年，扬州中学承担了国家教委“九五”规划课题“中学实施美育的途径和方法”研究，黄正瑶老师结合语文教学实际开展了语文课堂的美育研究。黄正瑶老师认为，在语文教学中提高学生的审美能力，不能抽象地介绍美学知识，而要在语文教学过程中引导学生去发现美、欣赏美、评价美、表现美。发现美要求我们从教材实际出发，从内容和形式入手，从历史和现实的角度，从不同层面去发现课文中的美；欣赏美要求我们调动自己的文化积淀，调动自己的形象思维和抽象思维，从不同角度对教材中的美进行分析欣赏；评价美要求我们运用正确的价值观和审美观，历史地、辩证地对作品中的美进行合理的评价；表现美要求我们运用学到的知识和方法，结合自己的生活和体验，进行美的表现和创造。

在教学中，黄正瑶老师首先引导学生去发现教学文本中蕴涵的美，避免对教学文本进行单一的理性概括。如教《我的空中楼阁》他引导学生从文中寻找生活美和情感美，教《琐忆》他引导学生关注描写对象的人格美，教《眼睛与仿生学》他引导学生发现科学美，教《人类基因组计划》他启发学生寻找

蕴涵在文中的创造美……《西地平线上》的结构美、《听听那冷雨》的语言美、《人是能思想的苇草》的逻辑美……他都引导学生在品读文章中去发现美的存在。

黄正瑶老师认识到，教师按照自己的理解对教学文本进行条分缕析可以使学生对某教学文本有一定的理解，但不可能使他们形成比较完备的审美能力，特别是不能让他们主动地去欣赏美和评价美。审美带有很强的个体差异性，要形成审美能力，就要尊重学生的主体地位，提倡对教学文本的多元解读、个性解读。1998 年他教授人教版高中语文实验教材《现代文阅读》，他开设了公开课“《废墟》（余秋雨）和《废墟的召唤》（宗璞）比较阅读”，整个教学过程围绕“两篇文章，你更喜欢哪一篇？为什么？”进行，实际上是要求学生对两篇文章进行审美解读、欣赏和评价。教学过程中，有学生从取材和主题角度进行比较，有学生从表现手法和语言角度进行比较，有学生从文章对我们今天的意义角度进行比较，这与后来的新课程的理念非常吻合，整节课充分调动了学生的思维，体现了学生的主体性。学生在多元解读文本后陈述各自喜欢的理由，在教学过程中完成了一次美的欣赏和评价。

黄正瑶老师还认识到，提倡多元解读、个性解读并不是对教学放任自流，而是对教师提出了更高的要求，因为欣赏和评价美要有正确的价值导向，否则就会陷入自然主义的泥坑。他曾经剖析了一次公开课，课题是《品质》，在课上老师组织学生讨论“格斯拉为什么会饿死”。学生从多个角度进行了分析，最后的结论是他思想保守、墨守成规，没有顺应社会的变化，这是导致他饿死的原因，这个结论存在价值观上的偏差，但教师并没有作进一步引导。黄正瑶老师认为，我们在引导学生审美时，注意了多元解读，但忽视了正确价值观的引领，于是格斯拉在社会急剧变革时坚守道德底线的价值被扔在了一边。黄正瑶老师认为，我们要处理好多元解读和正确价值观引领的关系，否则就会导致思路庞杂，甚至审美失误。在语文教学的审美实践中，黄正瑶老师积极关注课堂，发现问题，顺势引导，促成学生审美能力的飞跃。一次教《金岳霖先生》时，学生认为金岳霖先生是个有趣的人，他身上体现出率真、不拘小节、关心他人等优良品质。黄正瑶老师意识到学生的审美停留在浅表层次上，审美的深刻性、全面性品质欠缺，对事物的本质特征没有能很好地把握，审美品质需要提高。于是，他引导学生查找西南联大的有关资料，了解西南联大的办学宗旨和学术特色等。由于丰富的背景资料的支持，学生对金岳霖先生的认识有了提高，他们认识到金岳霖先生身上体现出来的是西南联大追求真理、追求科学、追求自由和严谨治学的精神。

1995年，黄正瑶老师参加了人教社组织的重点中学语文实验教材教学实验。实验教材《文学读本》提出了对文学作品要参读、美读、议读、比读、写读的要求，在此基础上，他又结合自己的实践，提出了创设情境法、想象联想法、感觉沟通法、情感体验法、迁移拓展法等提高审美能力和审美品质的教学方法。他充分利用现代化教学手段，极大地提升了学生的审美能力。比如运用配乐朗诵的录音教授《孔雀东南飞》《琵琶行》等诗歌，放映电影配合教授《药》《祝福》等小说，观看舞台录像配合教授《雷雨》《茶馆》等戏剧，让学生深入作品的情境中，体会人物的感情，取得了良好的教学效果。在议论文、说明文教学中，他引导学生从人类生活美、作者人格美、创造精神美、作品科学美、文章结构美与语言美等方面进行欣赏，同样提高了学生的审美能力。例如在教《眼睛与仿生学》时，他首先引导学生体会现代科技美，又引导学生体会现代科技中体现出的人类生活美、科学家发明创造的人格美，进而引导学生掌握科学的思想方法，认识科技进步与社会发展的关系，提升了学生的审美能力和审美品质。

作文教学如何加强审美教育呢？他认为，主要是调动学生自己的学习和生活积淀去观察、发现生活中的美，进而用语言文字来表现美。要引导学生拥有一双善于发现的眼睛，关注生活，在平凡的生活中挖掘美。他引导学生观察生活，于平凡小事中发现时代的脉动。20世纪80年代后期，他的一个学生写了《春节记事》，本来写了年夜饭、家人团聚、拜年、分发压岁钱、农村办喜事、乡村戏剧表演等，事情多，主题不集中。后来他指导选取了三个片段，并挖掘其背后的意义："大年三十——年年有鱼"，写去年三十烧的鱼不能吃，要余到下一年，今年鱼多了，年三十的鱼尽管吃；"正月初一——恭喜发财"，写人们互相祝福，说出了过去不敢说也不能说的"发财"；"正月初二——龙凤呈祥"，写个体户青年发了点财办喜事，感谢改革开放的好政策。这样事件就比较集中，而且能表现时代气息。虽然用现在的眼光看，这些题材太平常了，但在当时，人们的思想还没有完全解放，能引导学生看到这些生活中的小事背后蕴涵的美，进而用美的语言表现出来，无疑是指导学生发现生活中的美的范例。

黄正瑶老师认为，语文学习不仅仅是语文课堂的任务，更是语文课外的任务。语文教师不仅要在语文课堂教学中重视语文审美教育，同样，也要重视通过校本课程和语文课外活动提高学生的审美能力。在扬州中学的文化艺术节上，他为学生做《朱自清和他的作品》《崇高的理想与不懈的追求——苏联文学及其对我国现当代文学的影响》《探索与变革——西方现代派文学介绍》等讲座，在扬州大学附中开设《西方现代派文学艺术简介》《论说文阅读与欣赏》等校本选修课，吸引了较多的学生。通过这样的熏陶，学生的审美能力得到了极大提高，同时也能在阅读、欣赏和写作中注意表现美或创造美了 。

他所教的1998届学生曾经写过几篇鉴赏文章，其中有两段是这样的：

作为奴才，她(指袭人)忠于宝玉，同时她又爱上了这个与她朝夕相处的男儿。她要与大观园的小姐们作一次竞争——即使并不公平。她的心里也很清楚，他们之间根本不会有结局，但是，倔强的天性使得她不能够承认这一现实。她也不在乎别人怎么看待她，她只知道自己要作最大的争取。于是黛玉在宝玉面前的得宠成了不幸，而宝钗的失宠却成了一份美德。袭人很自然地选择了宝钗，她必须同她走到一起。

——《袭人：并非带刺的花》

杜十娘、安娜有着各自的生活环境和具体遭遇，思想也有差异甚至都有不足之处，但她们所走的反抗道路却极为相似，蕴涵其中的对真挚、美好的向往和追求则更为一致。临终，杜十娘哀叹的“命之不辰，风尘困瘁，甫得脱离，又遭捐弃”，安娜诅咒的“一切都是空的，一切都是假的”，都有力地控诉了那个罪恶的社会。她们正如黑暗中的流星，终于燃烧了自己，放出真正的光辉，虽是点点，却足以冲破一段黑暗，为今日的光明播下火钟。

——《“水”中“火”——浅谈“杜十娘”和“安娜·卡列尼娜”》

这两段文字也许可以作为黄正瑶老师培养学生审美能力和审美品质的例子，当然也是学生的语言运用能力和思维能力得到发展的例子。

三、组织探究学习，培养学生的创新意识

在语言、思维、审美研究与实践的基础上，黄正瑶老师认为，语文教学更要注重创新能力的培养。他认为创新能力培养需要一个过程，那就是首先要培养学生的创新意识，在此基础上提高学生的创新能力。创新意识的形成需要在日常的学习过程中通过探究性学习活动逐步养成。这种探究性学习活动可以贯穿在阅读教学和写作教学的全过程中。

1986年，黄正瑶老师参加了人教社初中语文实验教材的教学实验，尝试没有具体预习要求的泛预习。后来，他又参加了周正逵主编的高中实验教材的教学，实验教材分为"文言读本""文学读本"与"文化读本"，和普通教材结构完全不同，课文新且难度较大，对备课提出了很高的要求。为了提高学生的语文能力，他在初中实验教学的基础上，进一步强化学生的主动预习，布置的语文作业除了写作就是预习。他要求学生在完成常规预习（解决字词问题、分析段落层次、归纳主题和写作特色）外，必须提出两三个有价值的问题，课堂教学重点解决学生提出的共性问题或有研究价值的个性题。这一教法背离了教学法对课堂结构的传统要求，跳出了大家认可的常规教学模式，但极大地促进了学生探究意识的形成。在教《邹忌讽齐王纳谏》时，课文预习提示说文章运用了比喻论证的方法，但有同学提出疑问，认为应为类比论证。黄正瑶老师充分肯定了这种质疑的精神，认为这正是创新精神的体现。通过详细分析，同学们认为在这篇课文中类比推理不仅可以成立，而且更恰当。在教授实验教材中的《〈论语〉十则》时，有同学在预习中提出，课文注释里讲仲由，"字子路，又字季路"，是否可以理解为字"路"，"子"为尊称，"季"为排行。这也体现了学生探究意识和创新意识的增强。

黄正瑶老师认为，探究性学习能够促进学生创新意识的形成，但语文的探究性学习活动必须有语文学科的特点，即有"语文味"，缺乏"语文味"的探究不是语文教学活动。这段时期，作为扬州市市政府督学，黄正瑶老师花了大量的时间深入课堂，并就探究性教学提出了自己的见解，强调了探究的目的性、有效性和"语文味"。曾经有位老师在教苏教版高中语文教材必修一《神的一滴》时，组织学生探究如何加强环保的问题。黄正瑶老师认为，这一

专题的教材涉及人和自然的关系，但脱离文本内容、脱离语文教学要求仅仅探究环保问题已经不像是语文课了。他还认为探究要体现学生的主体性，老师要尽可能引导学生自己寻找探究点，这样，对学生创新意识的形成更有帮助。一位老师在教《〈史记〉选读》中的《孔子世家》时，学生就作为政治家和教育家的孔子，他的核心思想“仁”和他的教育理想表现在哪些方面进行探究。由于探究点是学生自己提出的，所以他们探究的积极性很高。不仅围绕教学文本展开，而且从《论语》《礼记》《左传》等古典文献中搜集了大量资料。在探究过程中，有学生认为孔子的一些行为（如赞成“刑弃灰于街者”等）与他的“仁”是矛盾的。经过思想碰撞，学生逐步统一了认识，取得了比较好的探究效果。他认为这样的探究效果是巨大的，学生思路拓宽了，知识增加了，方法掌握了，创新意识增强了。他还主张在探究活动中要引导学生从不同见解的碰撞中去辨析、发现、创新。在学习《唐诗宋词选读》中的李白、杜甫诗歌时，一位老师组织学生进行了“李杜诗风比较”的探究。在探究过程中，学生之间产生了观点上的碰撞。有同学认为，李杜诗歌的不同表现在四个方面，即题材不同、意象群和意象组合不同、情感和抒情方式不同、语言风格不同；另一些同学则认为，李杜诗歌有相同的题材和情感，仅仅是题材的侧重点和情感的表达方式不同。经过碰撞，学生对李杜诗歌有了进一步的了解和认识，也有了新的发现。他认为不同见解的碰撞，更有利于激活、拓宽学生思维，从而促进思维能力的提升，更有利于培养学生的创新意识。

黄正瑶老师认为，创新意识的培养还要借助于作文教学，因为作文本身就带有一定的创作成分。作文教学中的创新意识培养可以从多方面展开，取材构思、主题立意、谋篇布局、语言运用等都可以引导学生打开思路，启发他们创新。

在创作方法上，他认为关起门来谈创新意识和创新能力的培养无异于缘木求鱼，他主张应该引导学生积极参加社会实践，在实践中强化创新意识。他曾在 1990 年暑假布置学生写一份调查报告，开学时，学生交来的调查报告可谓丰富多彩，有中学学生会工作的调查，有填河造路堵塞洪水通道引发水灾的调查，有文物古迹得不到应有保护的调查，有野蛮装修致使建筑物受损的调查……这些调查报告正是学生创新意识和实践能力得以提高的见证。2000 年，教育部在普通高中开设了“研究性学习”课程，他意识到“研究性学习”是学生学习方法的一次重要变革，对学生创新意识的培养有极大帮助。他申报了省“十五”规划课题，在研究性学习的组织管理、选题指导、方法指导等方面积极探索，并在实践中结合语文教学引导学生进行小课题研究，取得了丰硕成果。学生组建了“老舍的《四世同堂》和巴金的《激流三部曲》比较研究”“鲁迅后期杂文的特点”等课题组，自己进行探讨研究。2002 年，由黄正瑶老师主编的专著《普通高中研究性学习读本》由辽宁教育出版社出版，获得江苏省第二届优秀教育科研成果二等奖、扬州市第四届哲学社会科学优秀成果三等奖。

2004 年，江苏省推行新课程改革，黄正瑶老师积极投身其中，对新课程，特别是选修教学，提出了建设性的意见。

第一，指定选修与自由选修相结合，充分考虑学生的课程选择权。

在选修教材的选用上，首先广泛征求学生的意见，整合学生的意见并结合学校师资力量的配备和资源情况统一安排，确定选修模块。统一确定的选修模块仍保持一定的选择性，一般一个学期开设的选修模块不少于三个，这样学生就有了一定的选择空间。

第二，选修教学要重视整体教学，要重视深度研习和深度探究。

选修教学一是要明确研习的重点、对象、方向，不同的教材有不同的要求，依据课程标准和各地对教学的具体要求，准确把握学习目标，把握文本研习的重点和方向。二是每次研习最好围绕一两个问题展开，不要面面俱到，否则，无法真正进行研习。三是要提倡个性化研习，对研习所得进行归纳、整理和提炼，提倡写研习体会。四是要组织学生尽可能多地掌握与研习重点有关的资料，开展多重对话，尤其要重视与作者、文本、同学的对话，在对话中验证自己研习所得是否正确。

“问题探究”是新课程教学中使用频率很高的教学方式，为防止这种方式流于形式，为探究而探究，黄正瑶老师对“问题探究”提出了这几个要求：一是要善于发现需要探究的问题。探究什么问题，应该由学生在学习过程中发现，不同层次的学生可以有不同层面的探究，教师作必要的引导。二是要把握好探究的方向。问题探究可以多层面展开，在实践中他觉得，至少可以从以下方面展开，即文本理解的探究、艺术风格的探究、作品比较的探究、作家比较的探究、流派比较的探究、有关资料的探究、不同评论的探究、考据考证的探究……三是掌握探究的技巧。“问题探究”应注意以文本研习为基础；将课内学习与课外学习结合起来；探究的课题不要太大、太空；要主动占有充分的资料；要言之有理，言之有据；要选取真实的论据材料，避免孤证；要尊重别人的观点、成果；可以和研究性学习结合……四是正确对待探究的成果。“问题探究”的显性成果是探究的结论，这个结论只要言之有理，言之有据即可，不能要求过高，更要重视“问题探究”的隐性成果，即思路的拓宽，知识的增加，方法的掌握，探究的体验，等等，其中思路的拓宽、方法的掌握应该是最大的成果。

第三，选修教学评价方式可以多样化。

黄正瑶老师认为，如果我们把众多有差异的学生强行放在同一标准下进行学年制教育，这不利于调动学生的学习主动性和积极性，不利于学生个性特长的发展。从所有的学生都能得到发展的角度出发，必须因材施教。“建立学分制教育模式和评价体系（含必修课学分和选修课学分），正是教育现代化的需要。”黄正瑶老师认为可以从评价主体、形式、内容等方面入手，建立多元的学分制评价体系，这样才能更为科学地评价学生的学习水平。

欢迎创新，积极投入创新，防止伪创新，通过教研活动、公开课点评以及专家讲座等形式，对新课程改革中出现的问题进行纠偏与指导，黄正瑶老师引领了扬州市的语文教学改革，对全省的新课程实施也产生了积极的影响。

语言、思维、审美、创新，是黄正瑶老师中学语文教学研究与实践的四个重要阶段。回顾这一过程，他认为这四个方面是互相联系、相辅相成的。语言运用水平的高下和思维能力有着密切的关系，同时也和审美能力有关，而语言创新则与学生的创新意识直接相关。思维能力的高低要通过语言文字运用来体现，而思维的深刻性、灵活性等品质需要审美能力的支撑，思维的批判性品质则与创新意识相关。同样，学生的审美能力、创新意识都不可能孤立地形成和发展，审美是一种高层次的思维活动，其中表现美就需要有创新意识，而创新则常常与灵感思维活动联系在一起。

因此，他认为在语文教学中要正确处理好语言、思维、审美、创新的关系，准确把握工具性和人文性的统一，从科学与人文相融合的角度思考语文教学。在实际教学过程中，要从语言文字这个基点出发，但又不能仅仅站在这个基点上，还要向各个方面发展，引导学生在掌握和运用语言文字的同时提高自己的思维能力、审美能力和创新能力，而不能将几个方面割裂开来。当然，在具体的教学中应有所侧重、突出重点，只有这样，语文教学才能健康地发展。

从“生命”发展到使人“自由”

——方钧鹤语文教育思想研究

朱　敏

方钧鹤，1955 年出生。16 岁参加工作。恢复高考后，1978 年进入扬州师范学院中文系学习。1982 年大学毕业后分配到中学当语文教师。这几十年间，虽从 1988 年起就兼任学校行政工作，但一直以语文教师的身份，在语文教育的讲台上辛勤耕耘，在中学语文教育改革之路上不断前行，留下了深深的足迹。

方钧鹤 1998 年成为江苏省首批“333 高层次人才培养工程”科学技术带头人培养对象。2000 年被评为江苏省中学语文特级教师。2002 年被评为扬州市有突出贡献的中青年专家，被授予扬州市“五一劳动奖章”。2006 年被评聘为江苏省首批中学语文教授级高级教师。方钧鹤老师还长期兼任扬州大学硕士研究生导师。

方钧鹤老师曾参加和主持国家级、省级课题研究 14 项，取得显著成果。发表论文近百篇；出版《中学美育简论》《高中语文课外阅读指导》等书籍 30 余部，个人承担部分超过 850 万字。

方钧鹤在语文教师岗位上工作三十多年里，不断完善自己的教育理念，并在中学语文教育领域努力践行、不断前行。这中间有过曲折，有过弯路，甚至有过错误。但也正因为如此，他的语文教育思想和教育实践才更接地气、更有参考价值。这三十多年里，面对着语文教学的“朝来寒雨晚来风”，作为一名中学语文教师，方钧鹤“从不放弃一个语文教师应有的思考，始终努力探索前行”。[1]回顾方钧鹤的语文教育历程，其语文教育始终呈现科学与人文相融合的特色，努力使语文成为促使“生命”发展的学科，成为使人“自由”的学科。

一、爱岗敬业，和学生共成长

方钧鹤年轻时有过许多择业理想，但从来没有想过要去做老师。后来报考扬州师范学院中文系，毕业后被分配到中学做语文教师，完全是阴差阳错的结果。刚踏上教师工作岗位时，是有着负面情绪的，和当时许多刚工作的老师一样，他认为教师苦，语文教师要改作文、要陪早读更是苦上加苦。但是，渐渐的，本性踏实认真的他，在扬州语文战线上的诸多的优秀教师前辈的言行感染下，在所教学生的激励下，很快就爱上语文教师这个职业，并且越走越辉煌。方钧鹤自己也说，“是语文教师的职业促成了我生命的发展”。[2]

方钧鹤认为，他是幸运的，他工作后就与扬州市的一群优秀的语文教师共事，前辈认真负责、执着忘我、以苦为乐的精神让他感奋。他也努力做好自己的工作，想做一个好的语文教师。他开始关注每个学生，他看到学生跟随自己的思考而思考，跟随自己的快乐而快乐。许多学生是那么简单而又虔诚地相信老师。这种纯真强烈震撼着方钧鹤。他开始爱上自己的学生，爱上语文教师这份工作。渐渐的，他感受到了作为语文教师的乐趣和幸福。看到学生的进步、成长、成功，这种发自内心的喜悦和幸福感是无法言说的。

“用一颗爱心去对待教学，用一颗爱心去对待学生”，这是同行对方钧鹤老师评价，也是方钧鹤老师自己的一贯做法。他认为，有爱心，是做好语文教师的前提；也是教师自己生命发展的重要标志。方钧鹤就曾用自己的亲身经历去告诫晚辈，“只要爱学生，只要认真投入其中，你会收获特有的乐趣，你会在快乐中成长”。[1]

确实，爱学生是老师应该具有的一种情怀，在具体教学过程中，爱的具体表现方式是多样的。方钧鹤反思自己的亲身经历，认识到宽容和赏识在语文教学中的重要性。赏识不仅是赏识学习成绩的提高，更重要的是能赏识学生的质疑精神，赏识学生挑战权威的勇气；宽容更重要的是老师能对学生提出的不同的见解的宽容。传统观念中，老师在学生面前有着绝对的权威。所以，许多老师缺少对学生的质疑精神的宽容和赏识，对学生提出的不同于教参的不同于自己的见解总是立即否定。长此以往，语文课堂缺少热烈的讨论，学生的思辨能力、创造性都被消磨殆尽了。许多老师都困惑于高中语文课堂上无人举手，一片沉寂的局面。其实，这种局面的形成与我们老师缺少宽容和赏识的品质有极大关系。

拥有宽容和赏识品质的老师的学生是幸福的，因为可以畅所欲言，尽情地谈论自己对文本的解读；拥有宽容和赏识品质的老师，他的职业生涯是精彩的，因为教学相长，从学生身上也可以学到很多新鲜的东西；拥有宽容和赏识品质的老师，他的生命历程是丰富的，因为他挣脱了狭隘的视野，体验到别样的天地。

我研究方钧鹤老师，很强烈地感觉到：做方老师的学生是幸福的。我接触到的方老师的很多学生也是这样认为的。

二、读书修身，采众芳塑品格

方钧鹤是嗜书如命的。少年时因为社会的因素，没有多少书可读，于是只要是有文字的，不管是否完整，不管是农书还是医书都拿来读。现在，读书的条件、环境都相当宽裕了，方钧鹤把读书作为自己主要的休闲方式。边读书边思考，不但充实了自己的生活，而且提升了自己的教科研水平，增加了自己生命的宽度和思想的厚度。方钧鹤认为，对于语文教师来说，读书不应是功利色彩过重的“任务”，而应该是生活的必需和人生的享受。读书如清汤里的盐，白水里的茶，平淡生活里的滋润。至于从读书中吸收知识、提升自己的语文专业水平和教科研水平，那是自然而然的收获。

方钧鹤强调，个性化的阅读，对于语文教师的发展至关重要。作为一名中学语文老师，需要正襟危坐地读一些书，要坐得住，读得进，持得久；也需要凭兴趣躺着读些书，获得“自得其乐”的感受，在书中“诗意的栖居”。不管读哪一类书，只要我们调整好阅读心态，读出自己的感悟，就是一种收益。读书多了，思辨力强了，离“研究型”也就会近了。

现实中，有一些语文老师虽然天天与课本打交道，但自己却很少阅读。长此以往，知识结构老化、知识更新速度降低，在课堂上表现出教学形式呆板、创意不足，严重影响教学质量与效率，成为个人职业发展的瓶颈。语文学科是一门综合性极强的学科，语文教材被称为“小百科全书”，语文老师没有理由不去多读一些书。

当然，现在教师职业对老师的要求不仅是教好书，还要能进行一些教育研究。用语文教育家顾黄初的话说，就是要培养学者型语文教师。方钧鹤认为研究应该是语文教学的同行者。最基本的研究就是教学过程中，遇到问题，同事间的讨论、切磋，乃至争论。深入的研究就是进行相关课题的研究。方钧鹤最早的课题研究是在20世纪80年代末，申报的“中学语文单元整体教学研究”市级教研课题。此后就一直没有间断，共主持或参与省级、国家级课题十多个。方钧鹤利用这些课题作为抓手，以自己的教学实践为基础，结合自己平时的阅读思考，进行语文教育研究。

在谈及读书时，方钧鹤老师曾这样说过：“要想让学生爱读书、会读书，教师首先自己要爱读书和会读书，一个好的语文教师应该用自己对美的感悟去激活学生美的感受，用真实的生命体验去唤醒学生的生命体验，这是达成语文教学的最好途径。一个语文老师，如果能让他的学生爱读书，会读书，在自主阅读中有感触、有收获，那么，即使其他什么也没有做，仍然不失为一个成功的语文教师。”[3]

三、实践反思，与时代共进步

方钧鹤说，“一位称职的语文老师一定要能主动反思”，“经常地主动地反思，才能打破僵化的思维模式，不断地超越旧我；才能保持生活的激情，不断地从语文教学中获得乐趣”。[4]方钧鹤就是通过反思，爱上了语文教师的岗位；通过反思，发现自己在教学过程中存在的问题；通过反思，尝试系统地去进行课题研究；通过反思，对旧问题有了新的认识，进而产生新的感悟和思考，增加了生命的宽度和厚度。

“扪心自问”“吾日三省吾身”“君子博学而日参省乎己”，这些都是人们深谙的古语。其中的“自问”“省”是反思、反省的意思。可见反思之风自古就有。

借用熊川武教授《反思性教学》一书中的说法，具有自觉反思意识的教师称为“反思型教师”，没有反思意识的教师称为“操作型教师”。反思型语文教师在备课时就要进行反思活动，最亟须反思的内容就是“教什么”。语文学科不像其他学科，课程标准中没有“课程内容”这一块。课程内容是回答教师教什么，学生学什么的问题，这一内容的缺失无疑给语文教师带来极大的困惑。因此，对“教什么”的问题进行反思、判断显得尤其重要。

在具体的课堂教学中，教师的反思更要是“积极的”“坚持不懈的”“仔细的”（杜威反思理论中的三个关键词）。语文教师要特别处理好“预设”和“生成”的问题。对于发现的新问题，跳出的新想法不是刻意回避或者绕过去，而是要勇敢面对、积极反思，作出针对性的变通措施。

一个完整有效的教学过程不仅包括教学准备阶段和教学实施阶段，还要有教学评价阶段。教学评价是双向的活动，教师对学生的评价，也要采取反思性评价。语文教学的重点是阅读教学和写作教学，受试卷形式的束缚，操作型教师通常从这两方面来评价学生的语文能力:有的学生非常善于口头表达却因为写作不好被评价为语文能力弱。相反,那些考试总是得高分尽管实际的口语交际能力薄弱却被评价为语文能力强。其实,完整的语文能力应该包括听、说、读、写四个方面。面对这种现状,反思型语文教师能够形成“一套高度自主的原则”[5],尽管这些原则“有时会形成与学校行政或更大的组织的规则和期待相冲突”[5],却“从有利于学生发展的角度作出决策”。[5]一个人语文能力的养成不仅是学校教育的结果,与遗传、家庭、社会有千丝万缕的联系。语文教师对学生的评价应该建立在全面了解、分析事实的基础上作出定性、定量相结合的评价。

由此可见,语文教师时刻具有反思意识,对学生、教学、自身,都是极有意义的一件事。反思是语文教师成长的助推器。在数十年的语文教学实践中,方钧鹤时刻反思,并在实践中作出积极有效的改革尝试。

1. 重视美育,滋润学生生命

认识到语文教师促进学生生命发展的重要意义后,方钧鹤围绕中学语文课堂教学作了诸多探索。“中学全方位美育”试验是其中一项颇有成效的课题。“美”是一个形容词,但并不抽象,美存在于生活点滴间,美景、美食、美貌、美言、美文、美德……用法国艺术大师罗丹的话说:“美是到处都有的,对于我们的眼睛,不是缺少美,而是缺少发现。”所以,美一直存在着,但只有会发现、会鉴别的人才能感受到美。一个人学会发现美,进而享受美,甚至创造美,他的生命才是丰盈的生命。“这就要求我们在中学阶段就重视美育,通过审美教育扩大和加深对现实生活的认识,发展美感,具有分清美丑、辨别善恶的审美能力,提高欣赏自然美和艺术美的水平,培养美的心灵,陶冶高尚的情操,提高精神境界,培养观察能力、想象力和创造力。”[6]

美育,简而言之,就是审美教育,它不等同于普通知识或能力教育,它有形象性、情感性、愉悦性等鲜明的特点。受多种原因限制,鲜有中学开设专门的美育课程。那么,又如何去对学生进行美育呢?方钧鹤老师不仅申报了“中学全方位美育”的省级课题推动全校性的全方位美育,更以语文学科作为样板,把全方位美育落实到课堂教学的实处。用教材中的和课外阅读中的一篇篇文质兼美的选文的学习来渗透审美教育。既能够优化语文课堂，又拓展了学生视野，滋润学生的生命。

方钧鹤的一节节示范课，如《语言的演变》所挖掘的语言文字之美，《人是能思考的苇草》展示的思考之美，《我与地坛》中蕴含的物我相映之美，让学生感受了语文教学的魅力。方钧鹤的许多文章，也是传达美感的媒介，例如，《咏荷杰作　词中精品——周邦彦〈苏幕遮〉欣赏》就引导我们真正读出了《苏幕遮》妙处，其美在“清新淡雅，浑若天成”。“用洗炼的笔法，清新的语言，既写出了荷之形，又传出了荷之神。”[7]“叶上初阳干宿雨，水面清圆，一一风荷举。”“小楫轻舟，梦入芙蓉浦。”使我明白了，语文教师尤其要带领学生通过分析、想象、比较去发现诗句的意犹未尽之处，让学生领略到美的文字、美的画面、美的意境。

2. 借助多媒体，优化课堂生态

随着信息技术的发展，课堂教学已经不再是传统的一块黑板、一支粉笔了，多媒体技术的引入，极大地丰富了课堂教学。方钧鹤在20世纪90年代就已经紧跟技术发展的步伐，认识到多媒体技术运用到课堂教学的重要意义了。他申请了省级教研课题《应用多媒体技术优化课堂教学》，带领同伴潜心实践。他多次被扬州市教育局邀请，为扬州市骨干教师作专题培训；他也曾作为特邀代表，代表江苏省出席“98珠海国际多媒体教学论坛”并做专题发言；他制作的多媒体教学软件《速读》《汉字》曾先后获得江苏省课件评选一等奖、二等奖。他当时在《中国电化教育》上发表的题为《对运用多媒体技术优化教学的几点看法》的文章，对推动当时的以多媒体推动课堂教育起了很大的作用。

在这篇文章中，方钧鹤提出了关于多媒体技术进入课堂的几点建议。第一，针对当时教学软件匮乏的现状，建议应用多媒体技术优化课堂教学，可从制作实用的多媒体课件入手。第二，针对当时重操作技术忽视学科特点的现状，强调运用多媒体技术优化课堂教学，首先要优化教学思想。第三，指出利用网络功能，开发网络资源，是利用多媒体技术优化课堂教学的重要一环。[8]

其后很长一段时间里，方老师都提醒大家丢掉幻想，直面信息时代，驾驭信息时代。确实,在信息时代,教师将不再作为知识的主要传播者、传递者的角色发挥作用,而更多地是一名向导和顾问。教师引导学生决定学习目标;指导学生形成良好的学习习惯、掌握学习策略;创设丰富的教学情境,激发学生的学习动机,调动学生的学习积极性;利用新技术帮助学生解决学习中的困难,实现智力技能的迁移等。教师除了要研究如何传输自己掌握的知识,更多的是要持续地更新和扩展自己的知识,分析和研究学习者可能遇到的种种困难,以及思考和设计向他们提供有针对性帮助的方法。信息时代亦是一个信息爆炸的时代。教师要善于通过书籍、报纸、电视等各种途径不断扩充自己的知识储备,不能满足做一个“一心只读圣贤书”的教书匠。特别是现在,教师更要善于利用网络来扩充知识储备,懂得如何通过网络来获取、选择、加工、利用网络资源。信息时代的教师应当具有高尚的思想道德素质,精深的专业知识和广博的综合知识,掌握现代教育理论和教育技术,要做一位“与时俱进”的教师,利用信息技术,优化课堂教学生态环境。

如今,随着信息技术的发展,在教学过程中运用多媒体辅助教学已经成为教师授课的常态。事实证明,适当的多媒体辅助教学的确能够提高教学效果。当下,又有微课、慕课等等这些在信息时代应运而生的产物,教师都在接受、尝试。

面对这些现象,作为扬州市最早使用信息技术和参与推广信息技术优化教学的老师,方钧鹤对此很是高兴。但是,对于当下有些教师上课时过分依懒多媒体的现象他又不无担心。他在多个场合反复强调,“多媒体只能是优化课堂教学用的工具”,它“应该服务于学科教学的目标任务”。他指出,语文教学绝对不能用 PPT 的展示代替文本的阅读。

重视技术不忘学科,重视科学不忘人文,这就是方钧鹤老师。

3. 倡导互动,贴近语文生活

为了推动新课程的深入,方钧鹤老师选取了有效互动作为切入口,进行课题研究。他带领一批教师,进行教育理论的学习,并采用座谈会、自编调查问卷等形式,了解教育的现状。根据调查,方钧鹤认为,“互动教学一定要有相应的互动行为,互动行为可以是主动的,也可以是被动的;互动的对象是多元的,但一定是主体之间的;互动的方式可以是言语的,也可以是非言语的;互动的核心是促进教学的有效性,即促进学生的发展的”。[9]在试验中,方钧鹤带领老师们提出各学科活动教学的基本做法。这里重点介绍一下语文学科。

语文学科——在阅读教学中促进互动有效教学

(1) 引导学生学会明确阅读思维目的(明确阅读指向;缩短已知未知之间的差距)

(2) 帮助学生学会获取相关思维材料(上下文;参考资料;记忆中的材料)

(3) 帮助学生掌握阅读思维方法

分析和综合(整体、部分)

抽象和概括(抽取本质特征,推广到同类事物中去)

归纳(个别——一般)和演绎(一般——个别)

比较、类比(个别——个别)

(4) 帮助学生形成阅读思维情意

美国、前苏联以写促读;新西兰的阅读教学

钱梦龙:寻找最佳切入口;徐振维:激发认知矛盾

阅读材料本身的吸引力(趣味性;实用性)

(5) 帮助学生提高阅读思维的品质

灵活性、深刻性、独创性、批判性、敏捷性

(6) 帮助学生学会监控思维过程(反思)

课堂操作流程:

(1) 常规预习——自主学习(字词的音形义;课文提要;内容;写法;课后练习题)

(2) 提出问题——师生互动(其中的难点就是课堂讨论的重点)

(3) 课堂讨论——生生互动(明确问题的关键;引导查找资料;思维加工)

(4) 归纳反思——师生、生生(得出结论;反思思维过程)

(5) 迁移训练——师生、生生互动(选择内容与形式相近、相关的文章,运用、检验课堂教学中获得的经验,使其得以迁移、完善、升华)

通过近10年的努力,不仅互动教学的课题研究取得了丰硕成果,更重要的是使互动有效成为了课堂教学的常态,特别是为后来方钧鹤老师推行"对话式语文教学"打下了理论和实践的基础。

四、总结提升,为语文教育作奉献

1. 践行"生命发展"的语文观

提到生命观,我们绕不开当代著名的语文教育家顾黄初先生的语文教育"三生"观之"生命"观。20世纪90年代,顾黄初提出"语文教育是提高全民族素质的一项奠基工程"的观点,把语文教育与民族未来联系在一起,从宏观层面阐述了语文教育的重要性。21世纪,顾黄初又提出语文教育"生命"观,则是在上个观点的基础上,进一步从"人之所以为人"的角度,从微观层面揭示语文教育在个体生命历程中的重要性。

人之所以能区别于其他动物而为人,与其他动物分道扬镳的最重要标志是语言。语言是人类表达需要、交流思想、传播文化……的工具。可以说,人类是语言的中心,语言是人类的一种存在方式。顾黄初说:"生命始于交流,交流促进思维,思维催生感悟,这是生命历程的三大标志,而这一切都得凭借语言(言语)。"[10]语文教育生命观把语言学习提升到生命存在的高度，深化了语文教育的意义。从这一点来讲，一个人活着，就是学语文、用语文，他的一生都离不开语文。

方钧鹤是顾黄初的学生，顾黄初的“生命”观深刻地影响着方钧鹤。在顾黄初思想的引领下，结合自己的实践经验，经过反复的追问和反思，方钧鹤对语文教育有了新的认识。“语文是一门以科学性和人文性相融合为特征的、以促进人的生命发展为核心的学科。语文教学的过程就是唤醒学生的生命意识，促进学生的生命发展的过程。语文教师，要做生命发展的自觉者，做学生生命发展的促进者。”[2] 方钧鹤的“生命发展说”侧重从生命发展的角度讲语文教育的重要意义。在教育领域谈生命，我们不能理解为个体活着就是生命。方钧鹤所说的生命，其实是指一个人的一生。生命发展，不是纵向上延长生命，而是横向上丰富个体生命。

可以说，江苏的语文之所以在国内有相当的地位，就是因为当教育风潮不断变化时，有一批如方钧鹤一样的江苏语文人既没有把语文看成仅仅是语言文字应用的学科，也没有让语文成为政治的附庸，而是坚持自己的语文信仰，认为语文教育是指向个体生命的发展，语文教育应该是科学与人文的融合，中西方教育理念的融合，传统与革新的融合。认为只有这样，才能培养出人格健全的人，才能使人成为自由的人。

2. 践行“对话式”语文教学

(1) 指出“对话”是语文的应有之意

“对话式语文教学”的理论支撑主要是现代生命哲学以及伽达默尔的“视界说”、巴赫金的“复调理论”、马丁·布伯的“主体间论”、波普尔的“三个世界”、张世英“后天人合一”哲学思想和滕守尧的“文化的边缘”理论。其核心就是要改变过去求解式、接受式的学习方式，引导学生以平等的姿态对待我们眼中的“客体”，与自然对话、与文本对话、与社会对话、与作者对话、与同伴对话。方钧鹤认为，用生命理解生命，由生命解释生命，在对话中相互丰富不断发展，应该成为语文教育改革的方向。

“对话式”语文教学不局限于传统的认知，有着更广阔深远的内涵。方钧鹤首先提出“与经典对话”“与科技对话”“与社会对话”，既显示着对话内容的不同(文本外延的扩大)，也显示了对话方式多样化、对话空间的拓展。

现代社会中，阅读的观念、方式产生了巨大变化，应该赋予“文本”以更加广阔的外延、空间。我们不仅需要阅读理解纸质文本、经典文本，而且需要借助多媒体网络，进行多种内容、多种形态的阅读。现代社会中阅读、对话应该逐渐成为人们的生存方式。如果把社会也看成是一种文本，如果把人的心灵也看作是一种文本，那么这样语文教育的天地将会与生活、与世界同样地广阔，语文教育的意义也将更为重大——不仅仅关系到学生语文素养、文化素养的提升，而且关系到学生主体意识、独立人格、健全人格、创新人格的养成。

方钧鹤所说的“对话”，还意味着语文学习中“听、说、读、写、做”等各种活动的相互融合。阅读理解既然需要与文本对话，自然意味着阅读就不是消极的“吸收信息”，而应该同时包括“加工信息”“输出信息”“听说读写”的融合，意味着各种语文活动成为“信息”吸收、加工、输出的有机整体。随着“对话空间”的拓展，文艺实践、科学实践、社会实践成为语文教育的有机组成部分，成为文学文本、科学文本、人文文本的延伸拓展。

此外，对话的精髓是异质文化之间的对话。当今世界，科学文化与人文文化，西方文化与东方文化——正在对话中趋向融合。“科学人文相互融合”的教育理念，是扬州中学的办学传统，“对话式”语文教育是对这一传统的继承发扬。对话式教育的精髓在于学会宽容异质文化，包括不同观点、意见；并且学会在对话中求同存异、实现异质文化的和谐统一。

(2) 申报并建成“对话式学习”省语文课程基地

2013年，方钧鹤主持申报“对话式学习”省语文课程基地。他们的设计创意是建设以“对话”为鲜明特征的语文学习环境，构建“与经典对话”“与技术对话”“与社会对话”的三类语文课程体系，依托基于“自治自动”的研读平台、交流平台、实践平台，不断丰富和拓展优质的、开放的、鲜活的课程资源，在“传统”“现实”和“未来”的多重维度中充分实现语文学科“工具性与人文性统一”的学科使命，促进师生共同在“异质对话”中创生智慧、滋养人生、服务社会、面向未来。课程基地建设的主要内容有六部分，分别是①建设以“对话”为鲜明特征的语文学习环境；②尝试建立对话式语文教学范式；③创设有利于对话开展的多重学习平台;④构建“与经典对话”“与技术对话”“与社会对话”的三类语文课程体系;⑤打造适应“对话式教学”的语文教研团队;⑥为语文学习提供创新路径。

“对话式”语文课程基地的建设是一项大工程,从申报到建成,这中间的每个环节都需要付出精力。但方钧鹤不畏其难,因为他深知这项工程一旦实施,于学生、教师、语文教育都将具有深远厚重的意义。

(3) 走进课堂,指导开展“对话式”语文教学

方钧鹤不仅从理论层面阐释“对话式”语文教学,还走进课堂,聆听语文老师的课,对如何有效开展“对话式”语文教学提出切实可行的建议。

方钧鹤认为,有效的交流对话是语文教学的主要形式。好的语文课,不只是老师一个人的精彩表演,应该是师生对问题去进行交流对话。教师通过积极引导、及时启发、适当点评,去激发学生关注、思考、讨论、质疑,而学生的发言有时又会引发老师的反思。如今的语文课堂,老师都有采用交流对话的意识,但往往把交流对话当作是一种表演形式,课堂讨论非常热闹,但热闹过后,归于沉寂。因此,交流未必“热闹”,重在“参与”。[11]交流也并非要最终达成统一的认识。“真正的交流,应尊重交流者相对独立的价值取向和认知经验。”[11]交流对话不能只在学生中进行,教师是旁观者。教师要和学生一起进行交流对话。

顾黄初说:“生命始于交流,交流促进思维,思维催生感悟,这是生命历程的三大标志,而这一切都得凭借语言(言语)。”[10]语文课堂,采用交流对话的形式,在交流中促进师生的思维,催生师生的感悟,也就促进了师生的生命发展。

伽达默尔认为,理解不仅是一种“文本阅读”方式,而且是人存在的基本方式。理解的过程就是对话的过程。所以,开展“对话式”阅读教学,首先强调学生要认真研读文本,倾听文本诉说,努力达成和文本对话、和作者对话。教师在授课时还要重视营造阅读情境,重视为学生提供多种辅助文稿和链接资料。

在学生尝试和文本初步对话之后,老师能有针对性地组织学生对话,使得学生和文本对话能深入。到底围绕什么来对话,老师得根据学生对文本对话的需求来确定。方钧鹤指出“在生本对话的基础上及时组织生生对话,

分享彼此的思考和见解,交流彼此的情感,引导学生创造性地参与文本意义的生成"。

在教学研究的推动下,近年来,扬州中学开出了近百节探究课,还在省级以上课堂教学竞赛中屡屡获奖,其中王舒成、陈桂华、吴高扬获得课堂教学竞赛全国一等奖。

在语文高歌猛进的时刻,方钧鹤老师注意防止矫枉过正。认为强调学生是学习主体是必须的。但对有些老师认为新课程语文教学,应该全是让学生自主"构建"的说法他是坚决反对的。方钧鹤认为,机械的形式主义的做法要不得。有的经典作品往往有其独特的思想高度和美学意蕴,学生由于知识结构、年龄经历的原因,不一定能真正和文本进行深度对话。这时候,老师可以通过适度展示自己的阅读心路,让文本的问题更"显豁"。这种显豁绝不是替代学生思考,甚至不是减轻学生思考难度。这种显豁实际上可以"削尖"学生对文本和思想的感觉,使得本来无从察觉的问题作为问题显现出来。并且老师还应在适当的时候给学生以适当的点拨,打通学生的思路,使之获得更多更新鲜清晰的感悟。

3. 将语文定位为"使人自由"的学科

方钧鹤曾多次强调过,语文教育的核心应该是指向生命的发展。个体生命的发展,当然不是指寿命的延长,而是指个体知识的增长,能力的提升,精神的丰腴,心胸的扩展,等等,成为真正意义上日趋成长的人。卢梭在《社会契约论》开篇就说,"人是生而自由的"。但是事实上,由于社会的原因和自身的原因,一个人要真正获得自由并不容易。封闭使人愚昧,科学使人异化,艰难使人潦倒,舒适使人颓废。许许多多因素都会使人困顿。人要获得自由，则必须通过不断的学习，成为既具有科学素养，又具备人文素养的人。在这追求自由的过程中，语文承担着中坚的任务。方钧鹤指出，真正的语文教育，其核心是助人成长、使人自由。[12]

方钧鹤在语文教育领域兢兢业业工作三十余载：在学校，送走了一批又一批的学生，这些学生曾在语文课堂上聆听过方钧鹤出色的文本分析，领略了方钧鹤授课的睿智幽默，这些都将是学生受用终生的财富。在扬州，方钧鹤带领语文教师，听课评课、钻研教材、申请课题，创设良好的语文研究的氛围。在国内语文教育领域，从“生命”发展到使人“自由”，方钧鹤的语文教育思想推动了国内语文教育的发展。

方钧鹤老师的探索和实践，不仅让学生受益，让同行称赞，也得到了社会的认可。方钧鹤老师作为教育成果主要参与者与申报者，荣获了江苏省首届基础教育成果奖一等奖三项，江苏省教育成果奖（基础教育类）一项，全国中语会语文教学成果奖一等奖一项。

参考文献

[1] 方钧鹤. 在犯错中反思，在探索中前行[J]. 语文教学通讯，2010(1).

[2] 方钧鹤. 语文，指向生命发展内核的学科[M]//丁帆. 著名特级教师教学思想录：中学语文卷. 南京：江苏教育出版社，2012：219.

[3] 方钧鹤. 读书与网络[J]. 中学语文教学，2005(11).

[4] 方钧鹤. 反思，语文教师成长的助推器[J]. 中学语文教学，2005(11).

[5] 熊川武. 反思性教学[M]. 上海：华东师范大学出版社，1999：96.

[6] 方钧鹤. 绪论[M]//茅庆茹，方钧鹤. 中学美育简化. 桂林：广西师范大学出版社，1999：3。

[7] 方钧鹤. 咏荷杰作　词中精品——周邦彦《苏幕遮》欣赏. [J]古典文学知识，1999(5).

[8] 方钧鹤. 对运用多媒体技术优化教学的几点看法[J]. 中国电化教育，1999(4).

[9] 方钧鹤. 互动式有效教学与学生能力发展的理论与实践研究[R]2012.

[10] 顾黄初. 生命·生活·生态——我的语文教育观[J]. 湖南教育，2006(23).

[11] 吴高扬. 交流，促进生命发展的重要手段[J]. 中学语文教学，2011(5).

[12] 方钧鹤. 语文：使人自由的课程[J]. 教育研究与评论（中学教育教学），2014(11).

后 记

近年来，全球教育工作者逐渐认识到教育经验是全人类的公共财产，有必要从更广阔的视野勾勒教育家的思想地图，总结更具代表性的教育经验，以期给实践者更多的启示。英国的学者乔伊·帕尔默 2001 年主编了《50 位思想家论教育——从孔夫子到杜威》和《50 位现代思想家论教育——从皮亚杰至今》，这两本著作给读者展示了一个新的视角，读者可以从更广阔的视域审视教育。北京师范大学的檀传宝博士 2010 年出版了《世界教育思想地图——50 位现当代教育思想大师探访》，给我们展示了当代外国教育大师的思想脉络。这些研究，为我们研究中国语文教育发展，研究语文教学提供了一个全新的视角。

在西方强势文化的影响下，张志公先生在 20 世纪 60 年代就呼吁要继承民族语文教育传统，但是张志公的主张并没有得到足够的重视。21 世纪初，张隆华、顾黄初、李杏保先生开始研究中国的语文教育史，开始勾勒中国语文的发展脉络。郑国民博士《从文言文教学到白话文教学》梳理了语言教学的变迁，这种研究就具有了原创的价值；徐林祥教授的《插图本中国语文教育史》，勾勒了中国语文教育的脉络；潘新和教授《语文教育大师追问》则对叶圣陶等几位大师的基本观点进行了追问，展示了作者对大师观点的理解；曹洪顺、武玉鹏的《名师研究》则围绕当代的几位语文教育名家进行了个案研究。

但国内尚未有针对一所学校的语文教师群体的个案研究。在扬州中学 110 多年的办学历程中，语文教育名家辈出，王鹏运、屠寄、朱自清、于在春、张煦侯、鲍勤士、范耕研、任中敏、李涵秋、徐公美、相菊潭、徐慕杜、何仲英、洪北平、叶贻谷、卢文虎、孙运遐、乔际云、安汝常、李绍庭、吴涤楼、乔耀汉、戴祝尧、钱新、洪为法、何惟科、田如衡、郑万钟、刘立仁、蒋念祖、黄正瑶、方钧鹤、唐丽珍、张贞忠等都曾先后任职于扬州中学，他们始终从实践出发探索语文教学的内在规律。

虽然说对像朱自清、于在春等的语文教育思想的研究已经取得了部分成果,例如,朱自清的“技术训练”(培养学生欣赏能力)、于在春的“集体作文”教学实验等。但这些语文教育名家创造的经验没有得到应有的重视,这些经验和一所学校的发展以及他们的教育思想与当今语文课程改革的关系还缺乏深入的研究。当我们进行新课程改革的时候,有必要重新研究、审视这些经验,这必将对推进学校语文教学,乃至推进中国新课程改革都将起到积极的推动作用。正是基于这样的认识,且受到江苏师范大学魏本亚教授的课题的启发,并在魏老师的直接指导下,本人申报了江苏省教育科学“十二五”规划 2011 年度重点资助课题“百年扬州中学十位语文名家教育思想地图”。在此,谨向魏老师表示衷心的感谢。

本课题选择扬州中学历史上十位语文教育名家,并努力以同时期的其他语文名家为佐证,着力探寻他们的语文教育思想,旨在通过对他们生活史、教学史和思想史的研究,勾勒百年扬州中学十位语文教育名家的教育思想,并通过十位语文名家的教育思想勾画出扬州中学语文教育发展的历程和独特的地位,借扬州中学语文教育发展的一角,以个案研究为突破口,以期对中国语文教育的过去、现在以及将来的发展有一个比较清晰的认识。

我们确定的十位语文名家,具体包括朱自清、张煦侯、鲍勤士、范耕研、胡乔木、于在春、郑万钟、方钧鹤、蒋念祖、黄正瑶。他们是不同的历史时期,为推动扬州中学乃至江苏、全国语文教学的发展做出过杰出贡献的、学术界公认的、备受广大学生推崇的名家。他们或是创造了原创性的语文教育理论,或是创造了具有本土特色的语文教学范式,或是创造了实用的教学方法。而胡乔木先生是扬州中学前身江苏省立扬州中学 1930 届校友,他深受扬州中学语文教育思想的影响,中学阶段,在学校公开发行的期刊《扬中校刊》上发表了众多的文学作品和文艺研究论文;新中国成立后,长期直接领导中国语文教育改革,所以本课题亦将其列入研究对象。

扬州中学在百年办学历史上,留下了大量的第一手教育教学资料,例如,《江苏省立第五师范同学录》(计 3 期,1300 多页)、《壬戌纪念册》;特别是 1927—1937 年间,学校先后出版并公开发行了《扬中校刊》103 期,还出版了一周年纪念刊(一周年是以 1927 年江苏省立第五师范和江苏省立第八中学合并为江苏省立扬州中学为起点)、三周年纪念刊、五周年纪念刊、十周年纪念刊等专刊。在学校110周年校庆之际,作为课题研究的第一步,本人负责牵头,从全国各大图书馆和高校图书馆收集了这些大量散轶的珍贵资料,出版了《扬州中学校史资料长编》(解放前计7册,500多万字,已经由凤凰出版社于2012年出版;解放后的预计6册,500多万字,已经送出版社,预计2016年出版)。这些详实的第一手资料,是我们解读语文名家教学思想的重要资源。

现在,课题研究的成果已经呈现在您面前。我们深知,限于水平,研究尚显粗浅;但我们更知道,这只是研究的开始而非终点。真诚希望更多的有志于扬州中学语文名家研究的朋友加入我们的行列,能从更广的视野、更大的范围进行深入的研究,以期寻找到语文教育的规律。

在本书的编辑出版过程中,学校领导和各位同仁给予了大力的支持,在此谨一并致谢!

陈国林

2015年10月6日